高等学校“十二五”规划教材

管理信息系统

侯洪凤　主　编

王璨　曾维佳　郗大海　副主编

中国铁道出版社
CHINA RAILWAY PUBLISHING HOUSE

内容简介

“管理信息系统”是工商管理类各专业的核心课程，具有综合性高、理论性强、实践要求高、涉及领域广的特点。本书是在多年教学的基础上修改整理而成的，在介绍管理信息系统的理论基础和技术基础的前提下，以系统科学的思想和观点为指导，以结构化系统开发方法为主线，结合当前信息技术和信息系统发展的现状，系统地介绍了管理信息系统规划、分析、设计、实施及运行维护的全过程，并且介绍了管理信息系统在企业中的几种典型应用。本书注重对学生的应用能力和实践技能的培养，并且尽可能反映新知识、新技术、新工艺和新方法。

本书适合作为高等学校管理类及相关专业本科“管理信息系统”课程的教材，也可作为从事信息系统建设的相关人员的参考书。

图书在版编目（CIP）数据

管理信息系统/侯洪凤主编. — 北京：中国铁道出版社，2012.9
高等学校“十二五”规划教材
ISBN 978-7-113-15230-7

Ⅰ.①管… Ⅱ.①侯… Ⅲ.①管理信息系统—高等学校—教材
Ⅳ.①C931.6

中国版本图书馆 CIP 数据核字（2012）第 194916 号

书　　名：管理信息系统
作　　者：侯洪凤　主编

策　　划：李志国　　　　**读者热线：**400-668-0820
责任编辑：徐学锋
封面设计：刘　颖
责任印制：李　佳

出版发行：中国铁道出版社（100054，北京市西城区右安门西街 8 号）
网　　址：http://www.51eds.com
印　　刷：三河市华业印装厂
版　　次：2012 年 9 月第 1 版　　2012 年 9 月第 1 次印刷
开　　本：787mm×1092mm　1/16　**印张：**8.5　**字数：**203 千
印　　数：1～3000 册
书　　号：ISBN 978-7-113-15230-7
定　　价：18.00 元

FOREWORD 前言

进入新世纪，我国开始了第三步战略目标的奋斗历程，提出了“以信息化带动工业化，以工业化促进信息化”的战略举措，构建了我国信息化建设的宏伟蓝图。对于这样一个伟大的历史进程，应该而且必须有强有力的学科支持，以便培养一批既懂管理又懂信息技术的复合型人才。为此，目前，“管理信息系统”被很多高校确立为经管类专业的专业基础课程，成为培养新型复合型人才学科中的主干课程。管理信息系统作为一门新兴课程，涉及管理科学、计算机科学、系统科学、信息技术和通信技术的相关知识，是对这些学科知识的综合应用，是一门综合性高、交叉性强的课程。

本书既注重管理信息系统基础知识的介绍，又注重学生的实际开发信息系统能力的培养，内容全面、详略得当、注重实践、面向应用。书中给出的学习目标有助于学生把握课程重点。内容安排由浅入深，循序渐进。各章均附有适量的思考题，便于学生通过练习巩固所学的知识。

本书内容共7章，分三大部分：第一部分为管理信息系统基础，包括第1章管理信息系统理论基础和第2章管理信息系统的技术基础；第二部分为管理信息系统开发过程，包括第3章管理信息系统的战略规划、第4章管理信息系统开发和第5章管理信息系统运行管理与系统维护；第三部分为管理信息系统应用及发展，包括第6章管理信息系统在企业中的典型应用和第7章管理信息系统的发展。

本书由具有多年从事“管理信息系统”课程教学经验的教师集体编写，全书由侯洪凤担任主编，王璨、曾维佳、郗大海担任副主编。第3、4章由侯洪凤编写，第1、2、7章由王璨、郗大海编写，第5、6章由曾维佳编写。参加编写和讨论的还有何丹丹、王岩、李逊等。全书由姜志明、郭文书审稿。

在本书编写中，我们引用、参考了大量中外文献（详见本教材后面的“参考文献”部分）。在此，向所有被引用文献的著者、向给予我们指导和帮助的专家学者，以及大连科技学院领导表示诚挚的谢意。

由于时间仓促以及水平有限，书中错误和不当之处在所难免，恳请专家、教师和读者批评指正。

编　者

2012年6月

CONTENTS

目录

第1章 管理信息系统理论基础

【学习目标】

- 了解信息的定义、管理的概念
- 掌握信息的特征、系统的定义及特征
- 掌握管理信息系统的结构和功能

20世纪60年代末，管理信息系统（Management Information System）起源于美国，1968年开始流行，到现在已历经近50年的发展历程。管理信息系统融合了众多学科的理论和方法，如管理学、信息科学、计算机科学、系统科学、经济学等，并在多个领域有广泛的应用，如铁路订票系统、教学管理系统、ERP 系统、客户关系管理系统、校园一卡通系统等。随着管理信息系统的不断发展，它已经在经济活动中发挥着不可或缺的重要作用，随着社会的不断进步，管理信息系统的应用前景也必然更加广阔。

1.1 管理、信息和信息系统

当今社会是一个信息爆炸的社会，企业每天都要面对浩如烟海的信息，如何准确有效地获取有用的信息，成为企业在竞争中立于不败之地的关键，人们也更加清楚地认识到信息的重要价值，企业的信息化建设就是很好的说明。

1.1.1 信息的概念

1. 定义

不同的学科对于信息有不同的定义，不同的学者对信息同样有不同的定义。

1948年，信息论的创始人香农（C. E. Shannon）认为“信息是用以消除随机不确定性的东西”。

控制论创始人维纳（Norbert Wiener）教授认为“信息是人们在适应外部世界、控制外部世界的过程中同外部世界交换的内容的名称”。

本书对信息的定义是：信息是从记录客观事物的运动状态和运动方式的数据中提取出来的，对人们的决策提供帮助的一种特定形式的数据。即信息是对数据进行加工的结果，也即信息是数据，但反过来说数据是信息则不正确。

数据是描述客观事物的符号，图、文、声、像都是数据，例如国内生产总值是数据、消费价格指数也同样是数据，我们需要计算出同比增长率，或绘制出近10~20年的指标变动曲线图，才能对决策者提供帮助，如果增长过快或过慢则有必要采取一定的方式进行调控。数据与信息的关系如图 1–1 所示。

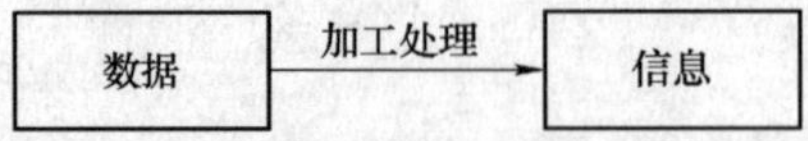

图 1–1　数据与信息的关系

2. 信息的特征

信息主要具有以下几个特征：

（1）普遍性。信息无处不在，无处不有。自然界的山川河流、鸟木花草，人类社会的各个发展阶段，无不透露给我们各种各样的信息。信息是事物运动的状态和方式的反映，它所表征的、传送的是关于某一客观系统、某一事物中的某一方面的属性。运动的绝对性表明信息是普遍存在的。

（2）客观性。信息是客观事物的反映。反映是以客观存在为前提的，即使是主观信息，如决策、指令等，也有它的客观内容。这就对信息提出了最低的要求，即信息的内容必须真实可靠，否则将对决策产生负面影响，同时也要求我们在采集信息的过程中不能加入主观臆断，应本着实事求是的原则，这就是信息的客观性特征，也是为正确认识客观事物而对人们提出的最基本的要求。

（3）层次性。因为管理是分层的，而信息恰恰是为管理服务的，所以信息也是分层的。管理自顶向下可以分为战略层、策略层和执行层。战略层为组织确定战略计划和目标；策略层负责设计实现战略计划的方式和策略；执行层负责处理日常事务。相应地，各管理层有各自的信息需求，因此对应于各管理层的信息分别为战略级信息、策略级信息和执行级信息。不同层次的信息具有不同的特征，了解不同层次信息的特征，有助于正确地确定信息需求的范围、信息处理的方法及制定信息的保密策略等。不同层次信息的特征见表 1–1。

表 1-1　不同层次信息特征比较

特征 层次	信息来源	寿命长短	保密要求	加工精度	加工方法
战略级信息	企业外部	长	高	高	灵活
策略级信息	内外兼有	中	中	中	中
执行级信息	企业内部	短	低	低	固定

（4）不完全性。一方面客观事物的复杂性决定了信息的无限性，所以基于某一问题的信息不可能完完全全得到；而另一方面，信息的获取与人们认识事物的程度有关，人们认识事物本身的局限性导致信息总是不完全的，所以在信息处理工作中，信息的不完全性是绝对的，这也给人们认识事物带来了一定的困难。

（5）时效性。时效性指时间和效率，任何信息从产生到最终被人们利用都要经过生命周期的各个阶段，如记录、加工、存储、传播等，中间所耗费的时间越短，人们利用信息越及时，效率越高，时效性越强。从另一个角度来说，信息刚产生时，它反映的内容最新，随着时间的推移，当信息反映的内容不再新颖时，它的利用率也会下降，时效性也会降低。

（6）可传递性。传递包含两方面：时间上的传递和空间上的传递。我们之所以可以知道古代发生的历史事件，说明信息在时间上可以由古至今传递；在互联网的时代，距离已不是问题，人们可以通过网络了解世界各地的新闻，这种沟通意义上的零距离，正是信息在空间上的传递。信息可以采用多种渠道、多种方式进行传递，比如，课堂、讲座等口头交流，电话、手机等通信方式，以及广播、电视、报纸、杂志等大众传媒。每一个信息的接收者都可以作为新的信息发出者，使得信息在时间和空间上快速地传播，另外在信息的传递过程中，在保留原有信息的同时，还可能增加新的信息。

（7）可共享性。信息传递的结果使信息内容供多人使用，即信息是可以被多个人共享的，这是信息区别于物质的一个显著特点。信息只能共享，不能交换，一个人把某个信息告诉给另一个人，并不能把该信息从这个人的大脑中抹去，即信息的共享并不会损失信息。但这里说的共享性并不针对企业的机密信息，如经营数据、专利信息等，对于其他信息，企业是可以共享的。如企业可以把库存信息共享给上游的供应商，由供应商根据库存的数量制订发货计划，以便把企业从各项管理事物中解脱出来，加快对市场的反应速度。

（8）经济性。经济性也即价值性，信息是具有价值的，如果把某一研究成果应用于生产实践，将会带来巨大的经济收益，如可口可乐的配方、奢侈品的生产工艺等。信息作为一种经济资源，同黄金、石油、钢铁等一样具有影响力。市场经济的不确定性、日常生活的决策等都迫切地需要信息资源。而通常，信息是零散的、不规则的，如果不对信息进行加工处理，则无法满足人们的信息需求，在加工形式上，可以把信息从一种形式加工成另一种形式，结果使信息产生了增值，这也体现了信息的经济性。信息作为商品能够给人们带来使用价值和价值，但信息面对不同的人群，将产生不同的价值。如在经典的皮鞋推销问题中，英美各派一名推销员到某一热带雨林地区开辟市场，英国推销员看到当地无人穿鞋，认为是风俗习惯使然，果断认为没有市场；而美国推销员则发现，并非当地人不愿意穿鞋，而是当地气候湿热多雨，普通鞋不防潮、不透气，于是将皮鞋进行改进，进而成功销售。该案例充分说明了信息具有经济性。

3. 信息的类型

（1）按信息产生的先后或加工深度可将信息划分为：一次信息、二次信息、三次信息。一次信息指原始信息，即获取信息的第一手资料，如会议记录、心得体会、各种表格数据等；二次信息指对原始信息进行粗加工，生成了摘要、题录、索引、目录等；三次信息是加工程度最深的信息，对一定范围内的原始信息进行深入研究，生成了综述、学术论文、研究报告等高层次的信息。

（2）按信息的表现形式可将信息划分为：文献型、档案型、统计型、图像型、动态型信息。文献型的信息主要包括各种研究报告、论文、资料、刊物、书籍等，文献型信息的特点是以文字为主，有明确的学术领域，可以对其进行深加工，生成专题研究报告等三次文献信息，由于较系统且保存的时间较长，因此研究价值较高。档案型信息也以文字为主，其与文献型信息的区别在于：档案型信息主要反映历史的演变过程，是经过整理、筛选的文献。档案型信息包括行政、技术、财务、人事等各方面内容。统计型信息是数字型信息的集合，反映大量现象的特征和规律，以数据和图表为主要表现形式。图像型信息在机械、电子领域应用得较广泛，照片、电影、遥测遥感图像、电视、录像等图像信息所传递的信息量远远大于文字所传递的信息量，是一种十分有效的记录信息的方式。动态型信息主要是行情、商情、战况等瞬息万变的情况的反映，强调时效性，动态信息的采集、加工、存储及传递需要人们具有丰富的知识和分析能力，以便得出有价值的结论。

（3）按信息记录内容与使用领域可将信息划分为：经济信息、管理信息、科技信息、政务信息、文教信息、军事信息等。在生产、消费、流通、分配的各种经济活动中，必然伴随着经济信息的收集和利用，在经济管理与经济活动中，还有多种其他形式的经济信息，如生产经营信息、商业贸易信息、金融投资信息、市场需求信息。管理信息指各个管理层所需要的信息，如人事、工资、计划、财务信息等。科技信息指人类在科研过程中积累的各种理论、学说、发明、技术等，科技信息较多地使用各种形式的文献，通过报刊、电视、网络进行传播，在"科学技术是第一生产力"的今天，科技信息已成为经济发展的重要因素。政务信息如方针政策、法律法规、政府决议等，政务信息多以文件形式传播，且对其他经济活动有一定的影响。文教信息指教育、体育、文学、艺术等信息，以文化为主的知识产业，在经济发展中扮演着日益重要的角色。军事信息包括国防、战争等与军事活动相关的信息，具体有军队的现代化建设、武器研制、部队作战部署等。

（4）按照管理层次可将信息划分为：战略级信息、策略级信息、执行级信息。

1.1.2 管理与管理信息

管理信息系统是为管理服务的，因此在系统地学习管理信息系统之前，有必要了解什么是管理。

1. 管理的概念

管理是通过计划、组织、协调或领导、控制等手段，有效地利用企业中的人力、物力、财力等资源，以实现企业的目标。管理的基本手段有：计划、组织、协调、控制、管理的目标是有效地利用各种资源，实现企业的目标。

2. 管理科学的发展阶段

管理科学的发展大约经历了以下六个阶段。

第一阶段：泰勒制。20 世纪 20 年代，泰勒在《科学管理原理》一书中提出了管理科学的新观念，围绕如何提高员工的工作积极性，泰勒提出了具有时代意义的计件工资制，自此劳动生产率低下的情况得到了很大的改善。

第二阶段：行为科学学派。20 世纪 30 年代，比较有代表性的人物是美国的迈约，他主张工人参加管理，其代表作是 1933 年发表的《工业文明中人的问题》。

第三阶段：数学管理学派。20 世纪 40 年代，苏联康托拉维奇主张把数学引入管理，认为管理中应注意数学问题，其代表作是 1940 年发表的《生产组织与计划中的数学方法》。

第四阶段：计算机管理学派。20 世纪 50 年代，计算机被广泛应用于管理，继 1954 年计算机用于工资管理后，20 世纪 50 年代至 60 年代初形成了将计算机用于管理的第一次热潮。

第五阶段：系统工程学派。20 世纪 70 年代，卡斯教授主张用系统的观点研究管理，其代表作为《组织与管理——从系统出发的研究》。

第六阶段：信息学派和管理信息系统学派。20 世纪 80 年代出现了信息革命，同一时期又产生了控制论，于是信息论、控制论和系统论在管理中有机结合，产生了管理信息系统学科，它的出现极大地推动了管理科学的发展。

后一种学派的产生，一般不是对前一种学派的否定，而是对前一学派的不足加以改进，使前者的愿望更能得以实现。比如计算机的出现使更多数学的猜想变成了可能，系统论更注重着眼于全局，而非局部，解决了信息孤岛等问题。

3. 管理信息

人们把反映企业生产经营活动并对企业管理产生影响的各种信息称为管理信息，如企业的利润情况可以通过财务报表反映，企业中长期的发展规划可以通过文字来描述，产品信息可以通过数据库来描述等，并且要注意避免信息孤岛，加快企业各职能部门的信息共享，提高管理效率。

除了具有以上的一般特性之外，管理信息还具有以下特点。

（1）系统性。任何个别的信息都不足以帮助人们了解企业的经营情况并作出决策，相反在一定时间和空间范围内的全面的信息，才可以称为管理信息。

（2）目的性。凡事预则立，不预则废。无论做任何事情都要有目的，管理信息也同样，对实现企业的目标有帮助的信息才可以称为管理信息。即管理信息是为了某项具体的管理工作服务的，所以管理信息具有明确的目的性。

1.1.3　系统

1. 系统的定义

系统是由相互联系并相互制约的部件组成的，为实现特定目标的有机整体。

需要说明的是，首先系统是由部件组成的，部件之间并不是散乱地组合在一起，而是互相联系、互相制约的；系统要具备一定的功能，如教学管理系统是为了提高排课、选课、学籍处理、教学计划制订等环节的效率的。

2. 系统的性质

（1）整体性。系统是由部件组成的，但系统的功能并不是各部件功能之和。这里强调的是整体大于部分之和，如计算机系统由 CPU、内存、显卡、硬盘、鼠标等部件组成，但计算机系统带来的高效的信息处理能力是单个部件所不具备的；再比如并不是班级中每个学生都越优秀这个班级就越团结，学生之间还需要沟通、交流与协作。

（2）层次性。一个复杂的系统可以按功能划分为若干子系统，若子系统仍然复杂，可以按自顶向下的原则逐步分解成更细小的子系统。正是因为系统的层次性，才使得我们在开发管理信息系统的过程中可以采用将系统分解的方法，把系统分成若干个功能独立的子系统，再把子系统分解成功能独立的模块，然后分配给团队分别实施以提高效率。

（3）目的性。任何系统都是为了实现特定目标而存在的。例如高校的目标是为社会输送高素质的复合型人才；工厂的目标是生产出令消费者满意的产品，并提高企业的经济效益。因此在建设系统时，首先要明确系统的目标，再考虑用什么方法或手段来实现这一目标。

不能实现系统既定目标的系统没有存在的意义和价值，如果花费相当大的人力、物力、财力开发出的系统未能达到原有目标，那么这无疑是一个失败的系统。

（4）稳定性。当外界环境发生变化的时候，系统应能够在一定范围内自我调节，从而保证系统仍然能够适应环境而不需要对其功能进行大幅度修改。企业的业务每天都在变化，如果一味地迎合“变”，那么理想的系统永远开发不出来，系统不断地需要修改，这就要求信息系统具有一定的稳定性，在一定的时间内可以以不变应万变，通过升级硬件、软件的方法应对改变。

（5）相关性。组成系统的部件彼此之间具有一定的联系，各子系统也并不是孤立的，而是存在一定的联系，这种联系一般通过数据的传递实现。在系统开发前的调研阶段，首先要弄清各子系统间的相互关系，并从整体和宏观上予以把握。例如工业系统向农业系统提供设备和工业品，农业系统向工业系统提供原料和粮食，二者相互制约、相互影响，有机结合成社会经济系统。

3. 系统的分类

按系统功能分类，系统可以分为社会系统、经济系统、军事系统、企业管理系统等。不同的系统为不同的领域服务，具有不同的特点，按功能对系统进行划分的方法是最重要的系统划分法。

按系统和外界的关系分类，系统可分为封闭系统、开放系统。封闭系统指与外界没有任何物质、能量、信息交换的系统，如科学家们在实验室研究机密的武器，但绝对封闭的系统是不存在的。开放系统指与外界存在物质、能量、信息交换的系统，这样的系统受外界环境的影响较大，绝大多数的系统都是开放系统，如商店、企业等，它们受消费者、市场的影响程度较大。

从形成方式分类，系统可分为自然系统、人造系统。自然系统比如大气系统、森林系统等。人造系统指人们为了某种目的而创造出来的系统，如计算机系统、办公自动化系统等。

按系统的状态与时间分类，系统可以分为静态系统和动态系统。静态系统指系统的状态不随时间而变化，反之，如果系统的状态在一定长的时间内持续发生变化，则该系统是动态系统。

1.1.4 信息系统

1. 信息系统的定义

信息系统是由硬件、软件、数据资源及人员组成，目的是对信息的采集、记录、加工、存储、传播、利用过程的各个环节，应用先进的信息技术及管理学的方法，提高企业的管理效率。

2. 信息系统的功能

简单说，信息系统是对输入的数据进行加工，并输出信息以供决策的系统。因此信息系统具有以下功能。

(1) 数据收集和输入。收集到的原始数据类型不同，必须按照信息系统的要求把原始数据转换成系统容易处理的数据格式。

(2) 数据传输。最主要的数据传输方式是网络传输，利用网络传输数据时需要注意数据和信息的安全问题，应采用数据加密技术及数据完整性鉴别技术，保证数据的正确、有效。

(3) 数据存储。数据的存储方式有顺序存储、链式存储、索引存储以及散列存储。顺序存储就是逻辑上相邻的记录物理上也相邻，一般可以采用数组的方法实现；链式存储指逻辑上相邻的记录在物理上可以不相邻，在 C 语言中，可以通过指针来实现。索引存储指除了存储数据外还要存储索引表，以便实现快速查找，查找时先查找索引表，再查找数据表。散列存储实质上建立起了记录的关键字与地址的映射，即通过读取记录的关键字，快速查找到该记录。常用的存储介质有磁带、光盘、磁盘等。

(4) 数据加工处理。简单的数据加工方法有：变换、分类、整序、合并、统计、浓缩、计算、抽取等，复杂的加工方法有比如关联分析、文本挖掘等数据挖掘算法。有关数据挖掘的内容将在本书第 2 章介绍。

(5) 数据输出。根据不同的应用需要，将加工处理后的数据以不同的方式进行输出。常用的输出方式有显示输出和打印输出。输出形式有文字、图形、图表、声音等。

1.2　管理信息系统

计算机技术产生以后，人们提出了建立管理信息系统的设想，但由于当时的技术落后，管理信息系统的开发效果并不明显。进入 20 世纪 80 年代以后，随着信息技术的迅速发展，管理信息系统也得到了进一步的发展，管理信息系统的概念逐步得到了充实和完善。

1.2.1　管理信息系统的概念、特点和功能

1. 管理信息系统的概念

从字面意思上看，管理信息系统有两层含义：

（1）管理信息系统是一种系统，它满足系统的所有特征，如相关性、整体性、层次性等；

（2）管理信息系统是为管理服务的，强调了管理信息系统的目的。

不同的学者对于管理信息系统的提法不尽相同，现部分列举如下。

1985 年，管理信息系统的创始人高登·戴维斯给管理信息系统下了一个比较完整的定义："它是一个利用计算机硬件和软件，手工作业，分析、计划、控制和决策模型，以及数据库的用户——机器系统来提供信息，以支持企业或组织的运行、管理和决策。"

"管理信息系统是人、数据处理装置、输入/输出设备，以及通信设施的组合。它向一个企业的计划和营运部门的管理人员和非管理人员及时地提供信息。"

"管理信息系统是一个由人、计算机等组成的能进行信息的收集、传递、存储、加工、维护和使用的系统。管理信息系统能掌握企业的各自运行情况；利用过去的数据预测未来；从企业的全局出发辅助企业进行决策；利用信息控制企业的行为；帮助企业实现规划目标。"

综上所述，本书给出管理信息系统的定义：管理信息系统的实质是一个机器系统，通过人的参与，采用先进的计算机处理技术和管理方法，处理企业内部、外部的各种信息，对信息进行采集、记录、加工、存储、传播及有效利用，保障企业的正常运行，为企业各管理层提供信息服务和决策支持。

2. 管理信息系统的特点

（1）综合利用内部和外部数据，能够全面地提供符合各种要求、各种细度的信息。对于常规的业务，可以提供各种表格、账册；对于高层的战略发展规划，可以提供多种分析报告。

（2）它应用数学方法和各种模型来辅助决策。如可以利用关联规则对超市卖场的产品进行分析，若两种产品的关联程度较大，说明顾客每次消费时经常同时选择这两种产品，可以在布置卖场的时候将这两种产品摆放在一起。再比如管理信息系统可以提供预测模型对企业未来的发展趋势作出预测；通过收集历史数据，采用最小二乘法或灰色系统模型对未来的销售量进行预测，以提高企业对市场的反应速度。

（3）管理信息系统是一个动态的系统，不断与外界进行物质、能量、信息的交换，如果外界环境发生剧烈的变化，系统本身不能通过自我调节与自我完善满足企业的各项要求时，则管理信息系统需要重新研制和开发。

3.管理信息系统的功能

（1）信息处理。即对输入的信息进行处理，以合适的方式输出。包括数据的收集、输入、传输、存储、加工处理和输出。

（2）预测功能。企业需要通过管理信息系统进行预测，并以此为依据计算生产能力，生成物料需求计划，这是核心业务得以开展的前提。简言之，即运用数学、统计或模拟等方法，根据过去的数据预测未来的情况。

（3）计划功能。年初制订各部门的计划，可以使各部门的工作循序渐进地开展，并根据不同的管理层提供相应的计划报告。

（4）控制功能。如果在实际的工作中出现了偏差，导致无法按计划完成工作时，需要采用一系列的控制手段进行补救，以免造成不必要的损失。具体来说，需要对计划的执行情况进行监测和检查，比较执行情况与计划的差异，并分析差异的原因，辅助管理人员及时用各种方法加以控制。

（5）辅助决策功能。辅助高层管理人员进行科学决策，管理信息系统通过数学模型对企业中的信息进行分析，提供各种解决方案，帮助管理人员有效地利用各种资源，提高企业的经济效益。

1.2.2 管理信息系统的结构

管理信息系统的结构即组成系统的各部件之间的相互关系。比较典型的结构有四种：物理结构、层次结构、功能结构、综合结构。

1. 管理信息系统的物理结构

物理结构即管理信息系统的部件组成，由计算机硬件系统、软件系统、网络通信设备、人员、数据、各种制度组成。管理信息系统的物理结构如图 1-2 所示。

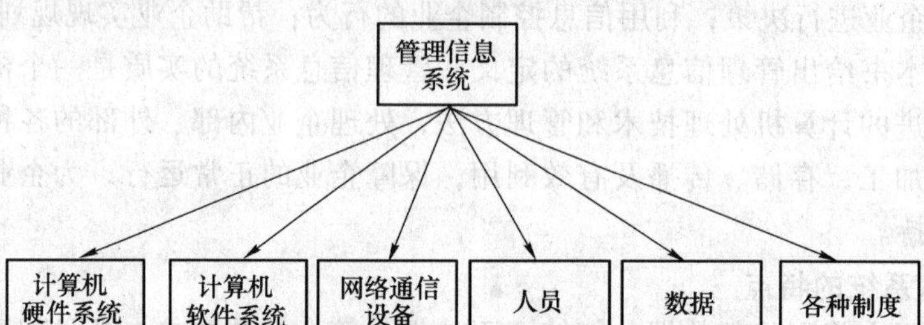

图 1-2 管理信息系统的物理结构

（1）计算机硬件系统。又称裸机系统，指不包含软件的计算机系统，包括 CPU、内存、显卡、硬盘、声卡、电源、机箱及输入/输出设备。键盘是比较常用的输入设备，主流的输入设备还有模数/数模转换装置，例如大型超市使用的条码扫描设备。常用的输出设备有显示器、打印机等。

（2）计算机软件系统。软件分为系统软件和应用软件。操作系统就是一种常用的系统软件，它可以管理计算机的各种硬件资源，对它们进行协调和控制，使系统具备单个硬件不具备的功能，最主要的功能有进程管理、CPU 管理、内存管理。应用软件种类繁多，比如 Office 工具、PDF 阅读器、杀毒软件等，这些软件一般不是系统自带的，而需要用户根据需要自行安装。

（3）网络通信设备。系统之间并非孤立的，而是彼此相互联系的，网络通信设备可以把结点计算机连接在一起。常用的网络通信设备有集线器、交换机、路由器、网桥、网关等，网络通信介质有双绞线、同轴电缆、光缆、红外线等。

（4）人员。管理信息系统离不开人的参与，无论系统本身提供如何完善的功能，都离不开人的使用。底层的业务人员需要使用管理信息系统进行业务处理，中层的管理人员需要使用管理信息系统制定策略，高层管理者需要利用管理信息系统进行决策。

（5）数据在现代管理中处于核心地位，也是系统输入的源泉。“Garbage in，garbage out”意思是说输入给系统的是垃圾，系统输出的也将是垃圾，因此必须保证输入数据的正确性。

（6）各种规章制度是企业正常运行的保证，无规矩不成方圆，在完善的制度下各级人员才能更好地配合，为实现企业的目标而共同努力。

2. 管理信息系统的层次结构

管理信息系统是为管理服务的，而管理具有层次性，所以管理信息系统也可以分为三层结构，自顶向下可分为：战略层、战术层和作业层，如图 1–3 所示。

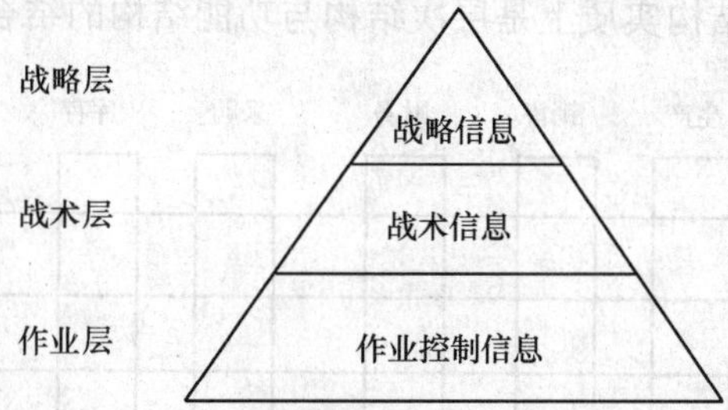

图 1–3　管理信息系统的层次结构

（1）战略计划级管理信息系统，简称战略层管理信息系统。战略计划级的管理活动涉及企业的总体目标和长远发展规划。因此，数据来源比较广泛，既有企业内部的信息，但更多的是企业外部的信息，比如行业规则、竞争对手的资料、国家政策等，此类信息必须具备较高的概括性和综合性，必须具备很高的参考价值，战略计划级系统需要数学模型来支撑。

（2）管理控制级管理信息系统，简称战术层管理信息系统。管理控制级的管理活动出现在企业的中层，它的主要工作是根据高层管理确定的总体目标，对组织内拥有的各种资源，制定出资源分配计划及实施进度表，并组织基层实现总目标。管理控制级管理信息系统起着中间过渡的作用，一方面要对高层的战略目标进行落实，另一方面要对运行控制级进行监督和控制，向高层及时地反映情况，信息大多来自企业内部，管理信息系统主要提供各种计划的生成和控制分析模型。

（3）运行控制级管理信息系统，简称作业层管理信息系统。运行控制级的管理活动主要指底层的业务处理。这是面向企业最核心的应用，也是管理信息系统最基础的架构，将企业运行的各种数据输入到系统中，由系统进行分析处理，再以适当的结果输出，一步步实现中层制定的计划，进而实现高层的战略规划。

3. 管理信息系统的功能结构

企业活动涉及不同的职能领域，即主要的业务范围或活动领域。以生产制造企业为例，企业主要的业务范围有采购、营销、生产、销售、人事、财务、供应商及客户关系等，管理信息系统的建设应该服务于各职能部门，即一个大的管理信息系统可以按不同的职能分为若干子系统，如分为采购管理子系统、营销管理子系统、生产管理子系统、销售管理子系统、人事管理子系统、财务管理子系统、供应商管理子系统及客户关系管理子系统等，管理信息系统的这种结构称为功能结构。不同企业的应用不同，划分的子系统也不尽相同，但大致上是围绕上述几个核心环节，如图 1–4 所示。

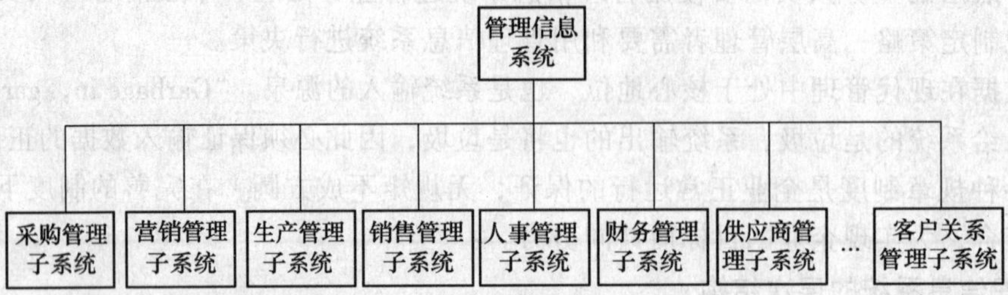

图 1–4　管理信息系统的功能结构

4. 管理信息系统的综合结构

管理信息系统的综合结构实质上是层次结构与功能结构的结合，如图 1–5 所示。

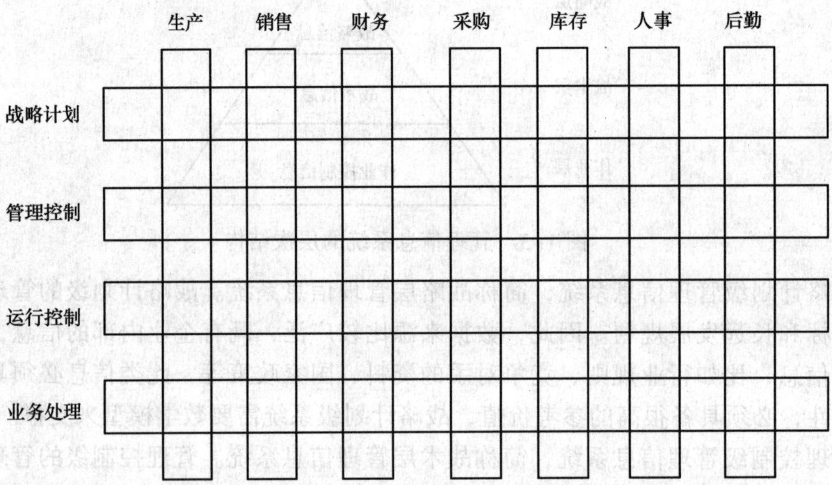

图 1–5　管理信息系统的综合结构

从图 1–5 中可以看出，横向上管理信息系统分为生产子系统、销售子系统、财务子系统、采购子系统、库存子系统、人事子系统及后勤子系统，这是刚刚讨论过的管理信息系统的功能结构。纵向上每个子系统都按战略计划、管理控制、运行控制、业务处理四个层次进行了划分，即各子系统还将服务于管理高层、管理中层及管理底层，这实质上是管理信息系统的层次结构。由于数据位于现代管理的核心，所以支持各子系统的最底层应该是专用数据库和公用数据库，专用数据库支持各子系统的业务活动，其他子系统无权访问，而公用数据库则服务于整个系统，每个子系统都可以访问，在实际的应用中，可以设置不同的访问权限对访问的内容进行控制。此外，如果各子系统都需要使用相同的服务，可以把服务定制成公用模型，以提高软件的复用性。

1.2.3　管理信息系统的类型

自 20 世纪 50 年代第一台电子计算机问世以来，管理信息系统取得了飞速的发展，发展过程大致可以分为以下几个阶段（见图 1–6）：

图 1-6　管理信息系统的发展阶段

1. 事务处理系统（Transaction Processing System）

事务处理系统出现于 20 世纪 50 年代初期，是面向业务的，以数据处理为核心，使人力从重复、繁多的工作中得到解脱，计算机处理数据的高效性是以 CPU 快速的计算能力和大容量的存储空间为依托的。

从事务处理系统的定义我们可以得知它的特点：处理大量数据、适合重复性的工作，且适用性较强。但事务处理系统输出的是数据，不一定能形成对管理有用的信息。

2. 管理信息系统

管理信息系统出现于 20 世纪 60 年代初期，管理信息系统与事务处理系统的区别见表 1-2。

表 1-2 管理信息系统与事务处理系统的区别

区别 系统	服务层面	服务效率	是否依赖于计算机网络
管理信息系统	各管理层	随时提供信息	是
事务处理系统	底层	定期输出报表	否

综上，事务处理系统以处理数据为核心，服务于底层；而管理信息系统则更多是为各管理层提供信息并支持经营和决策。

可以说管理信息系统是在事务处理系统的基础上发展起来的，随着管理信息系统的不断发展，现在通常是把事务处理系统作为管理信息系统的一部分加以研究。

3. 决策支持系统（Decision Support System）

现在企业面临的问题绝大多数都是半结构化，甚至非结构化的问题，结构化的问题可以通过成熟的数学方法和管理学方法解决，但非结构化的问题则没有章法可循，因此决策支持系统应运而生。

（1）决策支持系统的定义和结构。决策支持系统服务于管理高层，在人的分析和判断的基础上，借助信息技术和数学方法对非结构化问题输出合理的解决方案。决策支持系统的典型结构示意如图 1-7 所示。

（2）决策支持系统的特征。由决策支持系统的定义，可以总结出决策支持系统的特征：

① 决策支持系统解决半结构化和非结构化的问题；

② 决策支持系统具有良好的人机交互界面，便于人们使用；

③ 决策支持系统能够围绕决策问题，利用企业内外的数据和模型库中的模型，生成有利于决策的解决方案；

④ 决策支持系统只是支持决策，而不能代替决策。

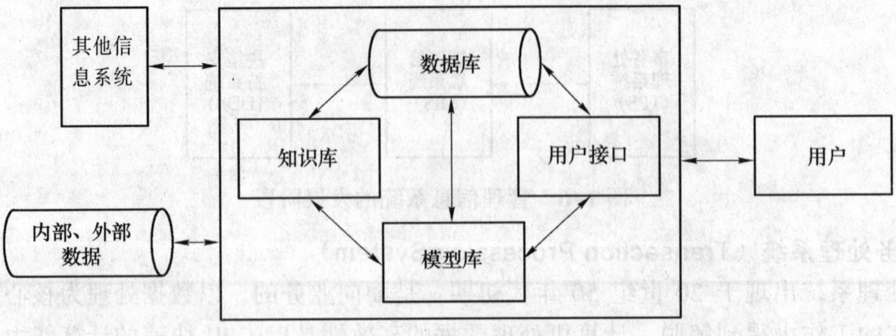

图 1-7 决策支持系统结构

（3）决策支持系统与管理信息系统的区别。决策支持系统和管理信息系统的区别见表 1-3。

表 1-3 决策支持系统与管理信息系统的区别

区别 系统	目的	信息来源	服务层面
决策支持系统	解决半结构化或非结构化的决策问题	事务处理系统、管理信息系统的信息和企业外部环境的信息	高层
管理信息系统	解决结构化问题	大多来源于企业内部	各管理层

综上，决策支持系统是面向决策的，但它需要事务处理系统和管理信息系统提供数据支持。

1.3 管理信息系统与管理

管理的任务是实现企业的目标，管理的手段是计划、组织、协调、控制等，管理的实质是对人和信息的管理；管理信息系统服务于管理，首先要保证输入数据是正确的，再以合适的方法将数据加工成各种图形、报表，以维持企业的正常运转，实现企业的目标。

1.3.1 当代管理环境的特点

外部环境的变化往往会引起企业内部活动内容和结构的调整，当代管理环境的新特点主要体现在以下几个方面：

1. 战略全球化

经济全球化把企业的经营范围推向全球，除了带来了更广泛的需求外，企业也面临着前所未有的压力与挑战。企业应立足于全球，研究和制定全球发展战略，管理面临的首要问题是跨地区管理。不同的地区有不同的价值观和习惯，企业需要在求同存异、兼容并包的基础上，对其他地区的文化加以理解，寻求巧妙的互利共赢的经营模式，开创出全球化管理的新局面。

2. 管理创新化

企业要想在竞争中立于不败之地，就不能停滞不前，唯有与时俱进，不断开拓创新，才是企业生存的关键。管理创新并不是仅仅在产品和技术上寻求创新，而是在企业运营的各个方面求突破、求发展。比如企业流程再造是对原有的业务流程、组织结构、企业文化等进行重新考虑和设计，利用现代信息技术和网络技术对企业的业务流程以及支撑它们的系统、组织机构等进行改造，以达到节省资源、提高效率，实现企业利润最大化的目标。

3. 经营虚拟化

随着互联网的迅猛发展，网络经济也随之而来。网络经济使企业可以专注于自身的核心能力和核心业务，而把其他非核心业务通过网络交由效率更高的企业去完成，即业务流程外包，这就是虚拟经营。企业在核心业务上投注最大限度的人力、物力、财力，有助于企业塑造核心竞争力，而其他业务流程外包企业由于只进行某一方面的业务外包，企业的专业性较强，势必带来更广泛的需求。全球经济先后经历了横向一体化、纵向一体化，现在开始进入归核化的阶段，面对有限的资源，如何以最小的成本，实现资源的最佳组合和企业的快速发展，网络经营是一个不错的选择。

4. 合作联盟化

随着科学技术的不断发展，市场竞争的日益加剧，企业发现单打独斗的经营方式已经不适合时代发展的需要。企业之间只有通过合作，强强联合，才能快速地响应市场需求。于是供应链管理随之而来，企业必须加强与供应商、分销商、客户的联系，通过信息共享提高整个供应链对市场的反应能力，以便运筹帷幄。

5. 管理手段数字化

数字化管理是利用计算机、信息及网络技术，实现计划、组织、协调、控制等职能的管理方法的总称。数字化管理要求企业搭建高效的网络平台，信息系统间的数据传递主要通过网络完成。数字化管理的重心移向对知识和信息资源的管理，仍然追求高效的市场反应速度。

6. 管理人性化

管理的对象是数据和信息，但实质是对人的管理。目前，西方发达国家已普遍将人视为最有价值的资源，重视对人进行长期投资和合理使用。通过文化认同、创新激励等多种方式为员工才能的充分发挥创造和保持一个宽松的环境，试想如果一个企业留不住人才，企业各项事业的开展势必步履维艰，因此人力资源管理在企业中的地位日趋重要，对其要求也越来越高。

7. 危机管理的常态化

21 世纪企业管理环境的一个突出特点是管理环境的复杂化，这不仅仅指的是宏观环境，微观环境也是如此。复杂的管理环境使企业面临各种危机，危机带来的后果可能对企业造成巨大的损害。企业危机管理包括危机识别、危机处理和危机防范等一系列管理活动。

1.3.2 管理信息系统对管理的支持

管理的手段包括计划、组织、领导和控制，其中任何一方面都离不开信息系统的支持。

1. 信息系统对计划的支持

（1）支持计划编制工作。为了使计划切合实际，必须收集历史数据和当前数据，对其加以分析并拟定多种方案。多方案的比较及每个方案中个别数据的变动都可能引起其他许多相关数据的变动，虽然计算方法不一定那么复杂，大多是一些简单的表达式，但表达式之间的关系错综复杂，所以计算量很大，通常需要事先设计一些计划模型，然后用不同的输入变量反复试算。如果编制工作没有计算机的支持，不仅工作量大，还会影响编制人员的工作积极性。

（2）支持对计划数据的快速、准确存取。需要建立计划主题数据库，通过对数据库进行管理，从而达到对计划数据的快速、准确存取。主题数据库可以包括各类定额数据库，如物资消耗定额数据库、管理费用定额数据库、生产能力定额数据库等；各类计划指标数据库；各种计划表格数据库。

充分利用数据库系统，可以使企业的生产经营活动的效率得到极大提高。

(3)支持计划的基础——预测。管理信息系统提供多种预测方法，以确保制定出可靠的计划。随着经济体制改革的不断深化，预测作为计划的基础，其地位日益重要。预测的范围很广，方法也有很多，如专家会议法、德尔菲法、头脑风暴法、最小二乘法、趋势外推法、回归分析法等。上述预测方法中大部分计算量较大，通常要用计算机求解。

2. 信息系统对组织的支持

(1)信息技术的发展促使企业组织机构向扁平化发展，扁平化组织结构的特点有：通信系统的完善使上下级指令传输系统上的中间管理层显得不那么重要，即没必要建立过多的管理层；部门分工出现非专业化的趋向，企业各部门的功能互相融合、交叉；计算机的广泛应用使企业上下级之间、各部门之间及其与外界环境之间的信息交流变得更加快捷，从而有利于员工的沟通和交流，可以根据环境的变化作出统一的、迅速的整体行动和应变策略。

(2)网络使全球化的经营变得可能，分布在不同地点的信息系统可以通过数据传递保证企业数据的实时共享。企业的各个分公司可以通过 Internet 访问并下载其他分公司的资源，也可以通过租用数字专线或架设虚拟专用网的方式共享数据，后者在一定程度上具有更高的安全性。

3. 信息系统对领导的支持

领导职能的作用在于指引、影响个人和组织按照计划去实现目标，领导者在人际关系方面的职责是领导、组织和协调；在信息方面的职责是作为信息的神经中枢，以便沟通信息、处理矛盾和解决问题。企业除了要进行信息系统建设外，还需要搭建适当的网络平台，快速将底层出现的问题反馈到高层，并将高层的规定和计划及时传递给企业内部，这有利于企业内部人员的沟通和交流，有利于领导及时发现问题，并采取相应的措施。

4. 信息系统对控制的支持

为了实现管理的控制职能，管理信息系统应对企业中的重要信息进行监控，必要时采取相应的措施进行调节。管理信息系统的控制内容包括库存控制、生产进度控制、成本控制、财务预算控制、产量控制、资金运用控制和收支平衡控制等。此外还需要对重要产品的关键工序以及成品质量进行控制。

1.3.3 管理信息系统对管理的影响

(1)管理体制合理化。传统的信息处理是人工分散处理，信息得不到及时反馈。管理信息系统能将分散管理与集中控制相结合，从而适应市场经济体制下的管理需要，充分发挥信息综合利用的作用，同时还能提高信息的质量，并且使信息处理的效率大大加强，进而向各级管理人员提供所需的信息。

(2)管理方法科学化。信息技术和网络技术的发展，使管理由事后管理变为实时管理，管理效率得到大幅度提高。一方面可以利用数学模型对企业的管理活动进行模拟，或用各种计算方法进行定量分析，以提高决策的正确性；另一方面，可以建立数据仓库对过去几年的数据进行分析和总结，找出规律，以此来预测未来，使管理工作变得细致主动。

(3)提高管理人员的素质和管理水平。管理信息系统给企业的管理机制和员工的工作习惯带来了巨大的变革。员工只有不断学习，不断提高个人素质，才能适应这一变革。一方面管理人员可以从烦琐、重复的事物中解脱出来；另一方面，通过学习先进的管理理念和管理方式，可以改进工作效率，充分发挥信息在管理中的作用。

（4）提高企业的经济效益：管理信息系统使企业管理规范化、科学化、高速化、资源利用合理化。由供应商管理库存，需要把库存的实时数据提供给供应商，以便及时供货，减少不必要的损失，从而加快资金周转；管理信息系统对企业内部的资金统一管理，从而节省了银行利息的开支；管理信息系统合理地组织调度生产中的各个环节，保持生产系统的综合优化。

【案例分析】

某公司销售主管李庆，经过两天的休息之后，周一精神抖擞地准备去上班。李庆的住所与公司只有20分钟的步行路程，他一般喜欢步行上班，临出门前，他打开手机，立刻出现了定制的天气预报，说今天中午以后可能会下雨，于是李庆决定开汽车去公司。

进入公司大门时，李庆习惯性地将自己的公司身份卡在门禁的打卡机上刷了一下，李庆进入公司的时间立刻被人力资源管理系统记录在案。

进入办公室之后，李庆立刻打开办公桌上的计算机。由于是周一，上午要召开公司业务汇报会，李庆首先进入销售管理系统，要求系统立刻将上一周的销售报表打印出来。然后，李庆查看计算机桌面上等待处理的电子邮件，其中两份是外地代理商要求增加发货的信函，李庆立刻把它们转发给成品库主管并同时利用系统的短信发送功能通知成品库主管有邮件给他。此时上周的销售报表已经打印出来，李庆立刻发现销售量比上上一周下降了 10%，李庆让系统列出了上周销售下降的代理商名单，看到销售量下降最多的就是要求增加发货单的代理商，李庆在去开会之前要求秘书拟定一份应对销售下降的报告。

公司业务汇报会议后，公司生产经营副总经理召集了生产部、销售部和信息部等部门主管召开会议，讨论如何实现生产计划系统、销售系统、库房管理系统与采购系统的信息沟通问题。由于目前公司的销售系统便于销售人员在任何地方输入、查询客户资料和库存资料，可以很快汇总销售数据，已经能够满足销售部门的需要，因此李庆对将销售系统与其他系统的集成并不感兴趣。

李庆回到办公室后，秘书已经将报告拟定好。李庆修改后，要求秘书再将销售系统中的一些代理商资料及代理成本的分析添加进计划，并将报告制成明天公司专门讨论销售情况会议的幻灯片。

下午，李庆与销售部中的几个业务骨干接待了某管理咨询公司的专家，他向大家演示了一套营销管理决策支持软件，该软件提供了一些可以支持广告决策的营销模式，选择新产品市场开发方法的模式及各种对销售情况进行分析的程序。大家对此很感兴趣，但是10万元的售价使他们不能立刻作出决定。李庆询问是否可以将软件留给公司试用，专家说可以，但是只能试用3个月。

专家走后，李庆上网搜索了与公司产品有关的市场及竞争对手情况，将一些重要的信息摘录下来，准备明天讨论会试用，接着又看了一下当天的一些重要新闻和已经收盘的股市情况。下班后，在回家的路上，李庆到超市去购买了一些食品和日常用品。结账时，POS 机直接从商品的条形码上读取了价格数据，汇总后，李庆用长城卡结了账。

案例思考题

（1）在李庆一天的工作生活中，他遇到、使用了哪些管理信息系统？你能从这些系统的信息处理方式分析它们有哪些特点吗？请设想，如何对其中的一些系统进行改进，增强它们的功能？

（2）你能否再举一些在日常生活和工作中所遇到的管理信息系统？

【本章小结】

信息是对数据进行加工后的结果；系统是由相互联系并相互制约的部件组成的，为实现特定目标的有机整体；信息系统是由人、硬件、软件和数据资源组成，目的是对信息的采集、记录、加工、存储、传播、利用过程的各个环节，应用先进的信息技术及管理学的方法，提高企业的管理效率；管理信息系统的结构即组成系统的各部件之间的相互关系，比较典型的结构有四种：物理结构、层次结构、功能结构、综合结构；管理信息系统对管理的支持主要体现在计划、组织、领导和控制上；管理信息系统对管理的影响主要体现在管理体制、管理方法、管理人员的素质及企业的经济效益几个方面。

【关键术语】

管理　　系统　　管理信息系统

复习思考题

1. 什么是信息？信息和数据有什么区别？
2. 信息有哪些特征？
3. 什么是系统？系统有哪些特征？
4. 什么是信息系统？信息系统的功能有哪些？
5. 管理信息系统有哪几种结构？请用简洁的话加以描述。
6. 简述当代管理环境的特点。

第2章 管理信息系统的技术基础

【学习目标】

- 了解信息技术的定义和特征
- 掌握计算机网络的功能及拓扑结构
- 重点掌握数据库技术中数据库的定义、数据库系统的优点、关系模型及数据库的规范化处理方法

管理信息系统的开发和利用离不开技术的支持，信息技术、数据管理技术的内容相当丰富，本章将简要介绍以上技术的基本理论和主要内容，旨在以点带面，激发读者的学习和研究热情，为更深入的学习和研究奠定基础。

2.1 信息系统中的信息技术

随着信息化进程的不断推进，世界对信息的需求快速增长，信息产品和信息服务对于个人、企业、地区、国家都不可或缺。信息技术已成为当今经济活动和社会生活的支柱。

2.1.1 信息技术概述

1. 信息技术的定义

信息技术（Information Technology，IT），是主要用于管理和处理信息所采用的各种技术的总称。它主要是应用计算机科学和通信技术来设计、开发、安装和实施信息系统及应用软件，也常被称为信息和通信技术（Information and Communications Technology，ICT）。主要包括传感技术、计算机技术和通信技术。

2. 信息技术的特征

（1）信息技术具有技术的一般特征——技术性。具体表现为：方法的科学性、工具设备的先进性、技能的熟练性、经验的丰富性、作用过程的快捷性、功能的高效性等。

（2）信息技术具有区别于其他技术的特征——信息性。具体表现为：信息技术的服务主体是信息，核心功能是提高信息处理与利用的效率。由信息的特征决定信息技术还具有普遍性、客观性、动态性、共享性、价值性等。

3. 信息技术的分类

（1）根据信息的生命周期，信息技术可分为信息获取技术、信息传递技术、信息存储技术、

信息加工技术及信息标准化技术。信息获取技术包括信息的搜索、感知、接收、过滤等，如 Internet 浏览器中的技术。信息传递技术指跨越空间共享信息的技术，又可分为不同类型：如单向传递与双向传递技术等。信息存储技术指跨越时间保存信息的技术，如印刷术、录音术、录像术、缩微术、磁盘术、光盘术等。信息加工技术是对信息进行描述、分类、排序、转换、浓缩、扩充等技术。信息标准化技术是指使信息的获取、传递、存储、加工各环节有机衔接，促进信息交换和共享的技术，如信息管理标准、字符编码标准等。

（2）按表现形态的不同，信息技术可分为硬技术与软技术。前者指各种信息设备如通信卫星、计算机硬件设备等。后者指有关信息获取与处理的各种方法，如数据统计分析技术、计算机软件技术等。

4. 信息技术的应用

信息技术的应用包括计算机硬件和软件、网络和通信技术、应用软件开发工具等。

“科学技术是第一生产力”，信息化的巨大需求促使信息技术高速发展。微电子技术和软件技术是信息技术的核心。软件技术的快速发展使得越来越多的功能通过软件来实现，加快了企业信息化的进程，嵌入式软件的发展使软件走出了传统的计算机领域，促进了多种工业产品和民用产品的智能化。

信息技术代表着当今先进生产力的发展方向，信息技术的广泛应用使人们能更高效地进行资源优化配置，从而推动传统产业不断升级，进而推动社会不断进步。

2.1.2 计算机技术

1. 计算机硬件技术

计算机硬件主要包括中央处理器（Central Processing Unit，CPU）、内存、外存、输入设备和输出设备等，它们通过总线相互连接，如图 2-1 所示。

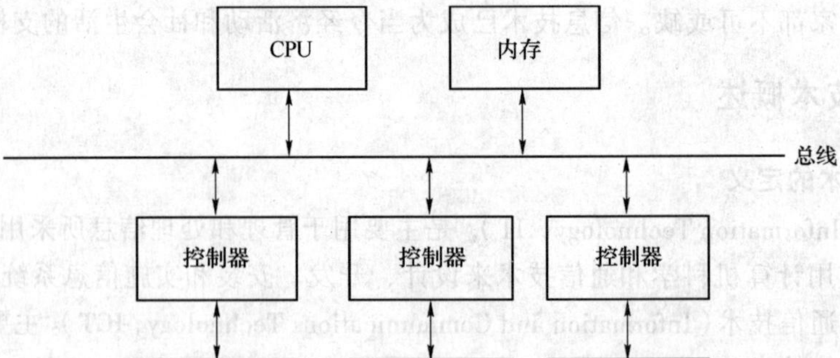

图 2-1 计算机硬件系统结构

（1）计算机处理部件，即中央处理器——CPU。其功能主要是解释计算机指令以及处理计算机软件中的数据。CPU 由运算器、控制器和寄存器及实现它们之间联系的数据、控制和地址的总线构成。几乎所有的 CPU 的运作原理都可分为四个阶段：提取（Fetch）、解码（Decode）、执行（Execute）和写回（Write back）。CPU 从存储器或高速缓冲存储器中取出指令，放入指令寄存器，并对指令译码，再执行指令。计算机的可编程性主要是指对 CPU 的编程。

（2）各种输入、输出和存储设备。输入设备负责把数据输入到计算机中，键盘是比较常用的输入设备；输出设备把信息的处理结果以合适的形式呈现给用户，如显示器等；需要 CPU 处理的程序及数据需要存放在内存中，待程序执行完再调出内存；外存有移动硬盘、闪存盘（U 盘）等。

（3）连接这些设备的物理媒介。如连接线、扩展槽等，扩展槽可供用户插入特定外设的控制卡，如网卡、USB 外置卡、声卡、打印机连接卡等。

2. 计算机软件技术

计算机软件包括系统软件和应用软件。系统软件负责管理计算机的硬件资源，操作系统是最常用的系统软件，负责对 CPU 进行分时调度、页面的调入和调出及输入/输出设备的管理等。应用软件是针对特定问题而编写的程序，如游戏软件、各种工具软件等，通常由某种程序语言开发而成，常用的程序语言有 Java、C、C++、C#、VB.NET 等。

2.1.3 计算机网络技术

1. 计算机网络的发展

20 世纪 70 年代，大的分时系统被小型的微机系统取代。随后远程终端计算机系统在分时计算机系统的基础上，通过 Modem（调制解调器）和 PSTN（公用电话网）向许多远程终端用户提供服务。这是计算机与通信系统结合的最初尝试。

在远程终端计算机系统基础上，人们开始研究把计算机与计算机通过已有的通信系统互连起来。为了使计算机之间可以进行可靠的通信，建立了分层通信体系和相应的网络通信协议，于是诞生了计算机网络。

1969 年 12 月，Internet 的前身——美国的 ARPA 网投入运行，标志着计算机网络的兴起。

20 世纪 80 年代初，随着个人计算机的应用和推广，出现了文件服务器结构，它将不同的 PC（个人计算机）互连，实质上是一种客户机/服务器模式。

计算机网络通信涉及许多复杂的技术问题，国际标准化组织（ISO）在 1984 年正式颁布了 OSI——开放系统互连模型，使计算机网络体系结构实现了标准化。

进入 20 世纪 90 年代，计算机网络技术得到了迅猛的发展。目前，Internet 已经成为人类最重要的、最大的知识宝库。高速的计算机网络和物联网已成为新一代计算机网络的发展方向。

2. 计算机网络的概念

计算机网络指用传输介质把分布在不同地理位置的计算机连接起来，实现数据通信和资源共享。

计算机网络从功能上可以分成通信子网和资源子网两部分。通信子网包含通信链路，负责整个网络的通信管理；资源子网即网络的物理构成，包含各结点计算机的硬件资源、软件资源和数据资源。

3. 计算机网络的功能

（1）数据通信。数据通信是计算机网络最基本的功能。它用来快速传送计算机与终端、计算机与计算机之间的各种信息，包括文字信件、新闻消息、图片资料、报纸版面等。利用这一特点，可实现将分散在各个地区的单位或部门用计算机网络联系起来，进行统一的调配、控制和管理，实现实时高效的信息传递，提高了管理效率，也使沟通变得快捷。

（2）资源共享。“资源”指的是网络中所有的软件、硬件和数据资源。“共享”指的是网络中的用户都能够部分或全部地享受这些资源。例如，某些地区或单位的数据库（如飞机机票、饭店客房等）可供全网使用；某些单位设计的软件可供需要的地方有偿调用或办理一定手续后调用；一些外部设备如打印机，可面向用户，使不具有这些设备的地方也能使用这些硬件设备。如果不能实现资源共享，各地区都需要有完整的一套软、硬件及数据资源，将大幅度增加投资费用。

再比如网上精品课等教学资源，用户可以通过浏览或下载的方式共享资源，提高了资源的利用率。

（3）提高计算机的可靠性和可用性。计算机网络的资源共享性使结点计算机的可用性大大增强，网络虽然能带来高效的数据传递，但不能保证数据的完整性，因此给计算机技术带来了新的挑战，即数据安全问题。随着数据加密技术和数据完整性鉴别技术的发展，数据的安全性得到了有力的保障。

（4）易于进行分布式信息处理。当某台计算机负担过重时，或该计算机正在处理某项工作时，网络可将新任务转交给空闲的计算机来完成，这样处理能均衡各计算机的负载，提高处理问题的实时性。对大型综合性问题，可将问题分成几部分交给不同的计算机分头处理，充分利用网络资源，扩大计算机的处理能力，增强实用性。对于复杂问题的解决，可以把多台计算机联合使用构成高性能的计算机体系，这种协同工作、并行处理要比单独购置高性能的大型计算机便宜得多。通过网络互联的计算机，可以彼此独立地工作，若需要对分布在不同地点的数据进行集中处理，可以将分布式数据上传至服务器。

4. 计算机网络的类型

（1）按网络覆盖的地理范围可分为局域网（LAN）、城域网（MAN）、广域网（WAN）。详述如下：

① 局域网。使用一种高速的通信线路将不同的计算机相互连接成网络，其覆盖的地区范围较小，对计算机的数量没有太多限制，少的可以只有两台，多则可达几百台。一般来说，该网络所涉及的地理距离在 10 km 以内。局域网一般位于一个建筑物或一个单位内。

局域网的主要特点是：为一个单位所拥有、使用专用的传输介质、数据传输速率高、可靠性高、通信延迟低。

② 城域网。使在一个城市但不在同一地理区域范围内的计算机互连。这种网络的连接距离为 10~100 km。MAN 与 LAN 相比，距离更长，计算机数量更多，在地理范围上可以说是 LAN 的延伸。在一个大型城市或都市地区，通常情况下一个 MAN 连接着多个 LAN。光纤连接的引入，使高速的 LAN 互连成为可能。

③ 广域网。又称远程网，其覆盖的范围比 MAN 更广，它一般使不同城市之间的 LAN 或者 MAN 互连，地理范围可从几百千米延伸至几千千米，比如 Internet。WAN 的主要特点是：一般不用专用的通信线路而借用已有的通信线路如电话线等、数据传输速率不高、可靠性差、采用点对点的通信方式。

（2）按网络的所有权分类可以分为：公共网络（Public Network）和专用网络（Private Network）。公用网络比如 Internet，专用网即私用网络。一般地，企业会租用数字专线把不同地点的职能部门互连，以保证私用性。

5. 网络拓扑结构

网络拓扑结构是指网络中结点计算机的连接方式。常用的网络拓扑结构有星状结构、环状结构、总线状结构等。

（1）环状结构。各个结点计算机连接成环状，信息沿着一个方向传递，通过中间结点转发，最后到达目的结点。环状结构如图 2–2 所示。

优点：这种拓扑结构管理简单、实时性强。

缺点：可靠性差，一旦一个结点出现故障，整个网络将不能工作，传输效率低，当中间结点过多时，响应时间较长。

（2）总线状结构。各结点都连接在一条公共的传输线路上，如图 2–3 所示。

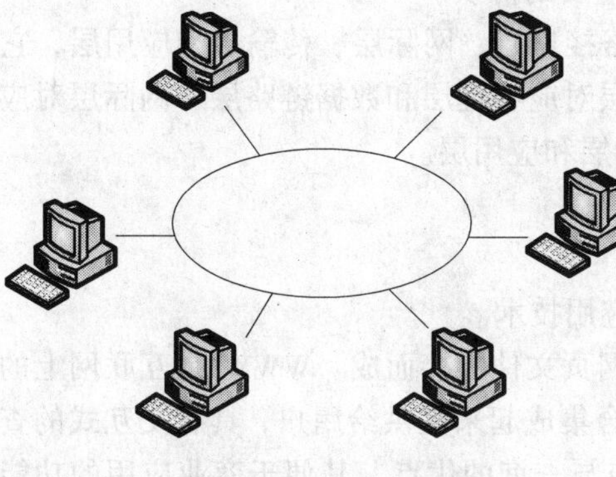

图 2–2　环状拓扑结构

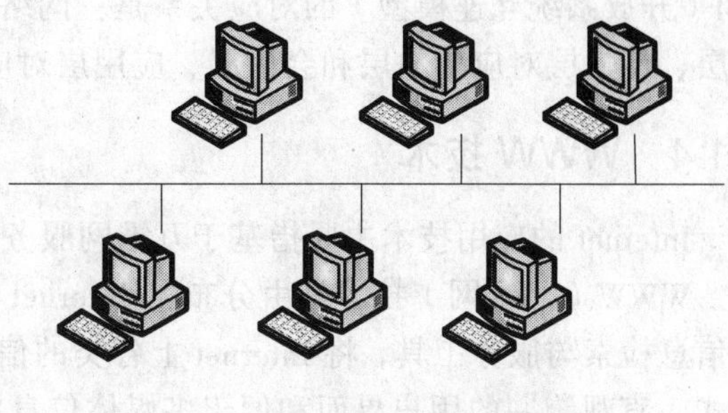

图 2–3　总线状拓扑结构

优点：由于节省了电缆和连接设备，安装容易，连接成本较低，一个结点出现故障将不会影响整个系统。

缺点：网络线路一旦出现故障，系统将无法正常工作，而且常会因为负载过重而使传输速度降低。

（3）星状结构。有一个中央结点，任何两个结点计算机的通信都要经过中央结点。星状拓扑结构如图 2–4 所示。

图 2–4　星状拓扑结构

优点：结构简单、便于管理、建网容易。

缺点：星状结构属于集中控制，结点计算机对中央结点的依赖性大，一旦中央结点出现故障，整个网络就会瘫痪，可靠性低，主机负载过重，通信线路利用率低。

6. **网络协议**

1）网络协议的定义

为了实现不同计算机之间的相互通信，各计算机必须遵守相同的网络协议。网络协议是为保证各结点之间数据交换的有序性和正确性而制定的一个网络数据交换的标准或规定。各种通信设备只有遵循相同的协议，才能彼此通信。

2）网络协议

目前，使用最广泛的网络协议是传输控制协议（Transition Control Protocol，TCP）与网络互联协议（Internet Protocol，IP），例如 Internet 采用 TCP/IP 作为网络通信协议。事实上，网络通信协议包含 100 多种协议，而 TCP 和 IP 是两个最为重要的协议。

TCP/IP 协议分为四个层次，自底向上依次为网络接口层、网际层、传输层和应用层，它与 OSI（开放系统互连模型）的对应关系是：网络接口层对应物理层和数据链路层、网际层对应网络层、传输层对应传输层和会话层、应用层对应表示层和应用层。

2.1.4 WWW 技术

Internet 的应用技术主要指基于万维网服务器的应用技术。

WWW（万维网）技术是由分布在 Internet 上的网页文件链接而成。WWW 是互联网上的一种信息检索与服务工具，将 Internet 上各类的信息综合集成起来提供给用户，具有交互式的查询方式、直观统一的用户界面和便于多媒体信息的发布与查询的优点。其便于商业应用的功能和特征，极大促进了互联网的商业应用，同时也成为互联网上最主要的获取信息的手段。

WWW 通过网页向用户提供服务，用户可以输入网址获得相应的服务。

WWW 可以将图、文、声、像进行整合，提供超媒体信息检索，用户通过点击网页中的链接，实现不同网页间的跳转；用户还可以根据自己的兴趣和爱好，同时浏览多个网页的内容。

2.1.5 Intranet、Internet 和 Extranet

1. Intranet

Intranet 是企业内部网，只为一个组织内部所有，主要用于企业内部的信息交流，外部用户无法访问 Intranet 中的资源。

Intranet 要与 Internet 互联才能发挥作用。Intranet 是一种企业内部网，而 Internet 是全球范围的信息网，它允许任何人任何时间在任何地点访问它的资源，而 Intranet 中的信息大多是企业内部的信息，需要保证信息的安全，常用的信息安全技术有访问控制技术、加密技术等。

2. Internet

Internet 是目前最大、最流行的计算机网络，Internet 把全世界范围内的数以万计的计算机连接在一起，是一个全球性的资源网络。Internet 已经成为人与人之间、企业与企业间，甚至国家与国家间的信息沟通工具，它对信息的有效获取产生了深刻的影响。网上拥有很多学术资源，比如中国知网、万方数据资源等，专业数据库的资源促进了学术研究成果的百花齐放。

3. Extranet

Extranet 是 Intranet 的延伸和扩展，它不仅仅局限于一个企业内部，而是把合作企业的 Intranet 网络连在一起，即企业外部网。

Extranet 较 Intranet 更为灵活，可以有选择地将不同的企业连接起来，兼具 Internet 和 Intranet 的优点，可作为 Internet 和 Intranet 之间的桥梁。

总的来说，企业不一定采用单一的网络结构，可能是几种网络的融合，但基本要遵循先建立内部网，适时建立外部网，最后并接入 Internet 的原则。

管理信息系统可以利用互联网技术，扩大信息收集的范围，变换信息加工的方式，以高效高质的信息传递更好地服务客户。同时，利用 WWW 技术可以给用户提供良好的可操作性的界面，使用户参与进来，以便及时地获取反馈信息。网络技术给管理信息系统的发展带来了更广阔的空间，也是企业信息化建设中不可或缺的关键环节。

2.2 数据库技术

信息系统的主要功能是对数据进行加工处理，因此需要相应的数据管理技术来支撑。数据库顾名思义，就是存放数据的仓库，但数据库中的数据不是散乱的，而是以一定的数据模型组织在一起，要求有最小的冗余度和最大的共享性。

2.2.1 数据管理

1. 数据管理的定义

数据是一种重要的资源，数据管理是信息管理的一部分，如果没有数据及处理数据的能力，组织就无法完成日常的业务活动，所以数据管理技术对管理信息系统的发展是至关重要的。

数据管理是利用计算机硬件和软件技术对数据进行有效收集、存储、处理和应用的过程。其目的在于充分有效地发挥数据的作用，为管理和决策提供数据支持。数据库是数据管理的手段。

常用的数据加工方法有针对数据形式的变换、针对数据内容的运算等。

2. 数据管理技术的发展过程

根据数据的存储结构和处理方式，数据管理技术的发展可以大体归为三个阶段：人工管理、文件系统和数据库管理系统，如图 2-5 所示。

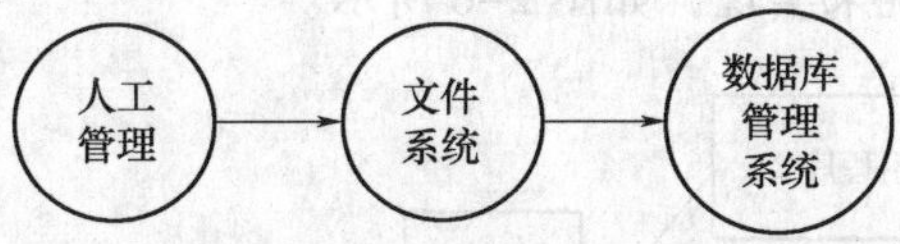

图 2-5　数据管理技术的发展

（1）人工管理。这一阶段计算机主要用于科学计算。外部存储器只有磁带、卡片和纸带等。软件只有汇编语言，尚无数据管理方面的软件。数据处理方式基本是批处理。这个阶段的特点如下：

① 计算机系统不提供数据管理功能。用户编制程序时，必须定义数据的逻辑结构和存储结构。数据与程序不具有独立性，如果数据的存储结构和设备有改变，就必须修改相应的应用程序。数据不能长期保存在计算机内，只有在计算机需要时才将有关数据输入，用完就撤走。

② 数据不能共享。数据是面向应用的，程序用到的数据必须由程序员自己进行管理，每一组数据都对应一个程序，不同的程序即使使用了相同的一组数据，这些数据也不能共享，这必然导致程序与程序之间存在大量的重复数据，浪费了存储空间。

③ 不单独保存数据。数据与相应的程序一起保存，成为程序不可分割的一部分，因此程序员需要规定数据的逻辑结构，而且还要设计数据的存储结构、存取方式等。

（2）文件系统。这一阶段计算机不仅用于科学计算，还应用在信息管理方面。随着数据量的增加，数据的存储、检索等问题成为人们关注的焦点，于是数据管理技术迅速发展起来。此时，外部存储器已有磁盘、磁鼓等存储设备。软件领域出现了操作系统和高级软件。数据处理方式有批处理，也有联机实时处理。这个阶段的特点如下：

① 数据以“文件”形式存在，可长期保存在外部存储器的磁盘上。需要对文件进行大量的查询、修改和添加等操作，处理数据的各种转换以及存储位置的安排，完全由文件系统统一管理，而无须程序员考虑。

② 程序和数据存在相对的独立性，数据已经组织成文件，独立于程序而单独存在，每个数据文件都被给定一个文件名，由操作系统中的文件管理系统专门予以管理和维护。程序只需用文件名就可与数据打交道，不必关心数据存在哪里。

③ 文件形式多样化。如索引文件、链接文件和直接存取文件（顺序文件）等。

④ 数据不再属于某个特定的程序，可以重复使用，但仍局限于特定的用途。一个应用程序可以使用多个文件，且不同的应用程序可以使用同一个文件，比人工管理阶段有很大的改进。

⑤ 对数据的操作以记录为单位。记录包含若干字段或数据项，数据项也叫数据元素，是描述数据的基本单位。例如学生的信息可以通过学号、姓名、籍贯、出生年月、专业、院系等描述，学号、姓名等都是数据项。一个学生信息构成一条记录。

⑥ 数据冗余。应用程序都有对应的文件，有可能同样的数据在多个文件中重复存储。

⑦ 不一致性。在数据更新时，因为文件和文件彼此孤立，不能反映出数据之间的内在联系，如果不能保证相同的数据在不同文件中都得到修改，就会出现数据的不一致。因此，文件系统不太适用于大量数据的集中存储管理和数据需要为多用户共享、统一控制的场合。

（3）数据库管理系统。事物之间联系的复杂程度及信息量的增多，导致数据管理规模庞大，数据量剧增，文件系统的管理模式已经不能满足人们对数据管理的需要，这一时期数据管理进入了新的阶段，即数据库管理阶段。数据库系统克服了文件系统的缺陷，这个阶段的程序和数据的联系通过数据库管理系统来实现，如图 2-6 所示。

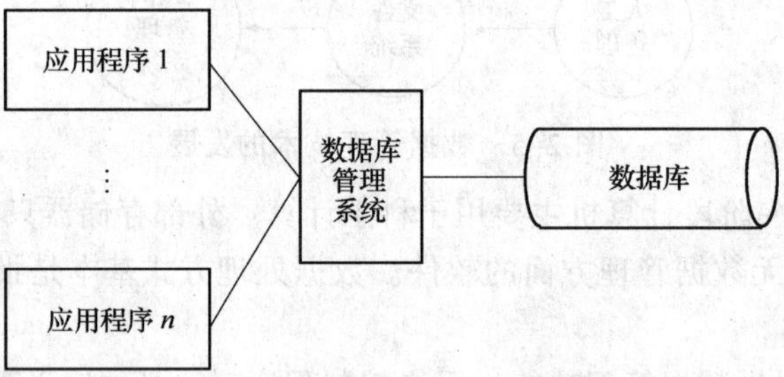

图 2-6　程序与数据间的联系

数据库系统阶段的数据管理具有以下特点：

① 采用数据模型表示复杂的数据结构。数据不再面向特定的某个或多个应用，而是面向整个应用系统。数据冗余明显减少，实现了数据共享。数据库中的数据模型不仅描述了数据的特征，还描述了数据之间的关系。使数据结构化，这是数据库系统与文件系统最本质的区别。

② 有较高的数据独立性。数据库系统提供了三级数据抽象和三种数据库模式，实现了数据的逻辑独立性和物理独立性，数据和程序相互独立，用户以简单的逻辑结构操作数据而无须考虑数据的物理结构。

③ 数据库系统为用户提供了方便的用户接口。用户可以使用 SQL 语句操作数据库，也可以通过程序方式（如 C 语言、Java 语言、SQL 语句编写的程序）操作数据库。

④ 数据库系统提供了数据控制功能。例如数据库的并发控制、数据库的恢复技术、数据完整性技术、数据安全性技术等。并发控制：控制多个事务的并发运行，避免并发程序相互干扰。数据恢复：由于故障或破坏导致数据不可靠时，系统将数据库恢复到最近的正确状态。数据完整性包括数据的正确性、有效性和相容性，数据安全性：可以通过身份验证、设置权限、审计跟踪、数据加密、防火墙技术等实现。

2.2.2　数据库系统

1. 数据库

数据库是数据组织与管理的最新技术，是被存储起来的数据和数据间逻辑关系的集合体。数据库的基本目标是减少数据冗余和增加数据的独立性，它以最佳的方式、最少的数据、最大的共享，以及安全保密性，提供多种应用服务。

简言之，数据库是存放数据的仓库。具体地说，数据库是以一定的组织方式存储在一起的相关数据的集合。要求数据具有最小的冗余度、最大的独立性、共享性及较高的数据安全性，允许并发地使用数据库，并能保证数据的一致性和完整性。

2. 数据库系统

1）数据库系统的定义

数据库系统是指组织、存取和维护大量数据的人–机管理系统，由计算机系统、数据库、数据库管理系统（DBMS）及人员组成，如图 2–7 所示。

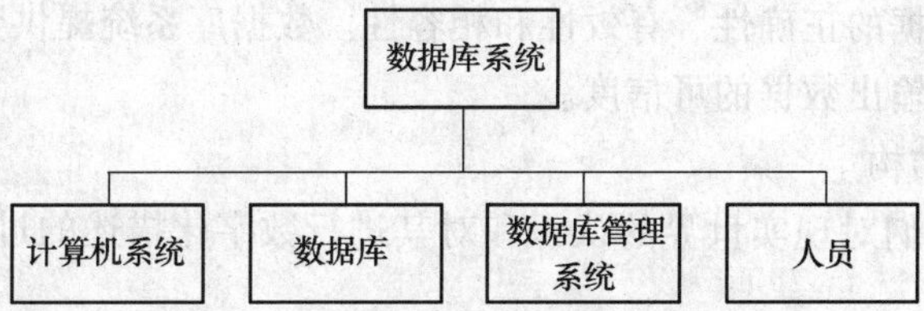

图 2–7　数据库系统的组成

（1）计算机系统。指用于数据库管理的计算机硬件及软件系统。数据库需要大容量的存储空间存放数据、应用程序及数据库管理系统程序，外存需要大容量的直接存取设备。此外系统还应具有网络功能以实现数据的共享。

（2）数据库管理系统。是指对数据进行管理的软件系统，是数据库系统的核心，它与数据库系统中各个部分都有着密切联系。对数据库的一切操作都是在数据库管理系统的控制下完成的。通常包括数据定义语言、编译程序、数据操纵语言及其编译程序、数据管理例行程序等。

（3）人员。包括数据库用户、数据库设计人员及数据库管理人员。数据库的用户指组织中的业务和管理人员及程序设计人员；数据库设计人员指从事数据库开发的人员；数据库管理员负责数据库的全面管理，其职责包括定义并存储数据库的内容、数据库的日常维护、控制数据库的使用等。

2）数据库系统的优点

（1）以数据模型为基础。客观世界中存在纷繁复杂的信息，如何把这些信息表述成便于计算机处理的信息并能长期保存下来，需要研究数据之间的关系，这就是数据模型。数据模型包括：层次模型、网状模型、关系模型，其中关系模型是最为常用的模型。

（2）数据冗余度小，共享性高。数据冗余指系统中存储了重复的数据，在数据库系统中，数据不是服务于某个应用，而是服务整个系统，因此同样的数据不会多次重复出现，这样既节省了存储空间，也提高了检索效率。公用数据库中的数据企业所有部门都可以共享，比如工资信息、发展规划信息等，极大提高了信息的利用率和传播速度。

（3）数据和程序间有较高的独立性。较高的独立性指当数据结构发生改变时，程序不需要进行大幅度的修改。具体体现在数据的物理独立性和逻辑独立性上。数据库系统本身提供映像及转换功能，当数据结构发生改变时，系统只需要修改映像，即可保证逻辑结构不变，进而保证架设在逻辑结构上的应用程序不发生改变。

（4）数据的安全性和完整性由数据库管理系统统一管理和控制。数据的安全性指保护数据抵御不合法的访问和使用、有意无意的泄露和破坏。数据库系统通过用户视图、存储过程及触发器来保证数据的安全性。

① 用户视图。数据库系统可以通过视图隐藏重要的字段，使用户看到的数据只是系统中数据的一部分，保证数据的安全性。

② 存储过程。即数据库系统中的函数，用户可以通过指定存储过程名及参数调用存储过程完成指定的操作，在一定程度上保证用户在一定的限制下间接地存取数据。

③ 触发器。在特定事件触发之前或之后触发，如更新、插入、删除等，达到安全审核的目的。

数据的完整性指数据的正确性、有效性和相容性。数据库系统提供数据完整性定义的方法，还通过完整性校验提高输出数据的可信度。

3）数据库系统的结构

（1）数据描述。人们对现实世界的认识和对其进行数字化描述的过程经过了如下三个不同的世界。

① 现实世界。现实世界是指客观存在的世界中的事实及其联系。已经被识别的事物称为个体，具有相同特征的个体的集合称为全体，个体或者全体都存在着一定的联系。

② 信息世界。信息世界是现实世界中客观事物在人脑中的反映，是一种抽象化、概念化了的世界。现实世界中的客观事物及其联系在信息世界中用概念模型来描述。

实体（Entity）：是指客观存在并相互区别的事物。如：教师、学生等。

属性（Attribute）：实体具有许多特性，每一个特性都称为属性。如学生实体可由学号、姓名、性别、年龄、系别等属性构成。

主键（Key）：唯一标识实体的属性集称为主键。如学生实体的学号可作为学生实体的主键。

实体之间的联系有一对一联系、一对多联系及多对多联系。

一对一联系：如一个班级中有一个班长，而一个班长只在一个班级中任职，则班级与班长之间具有一对一联系。再比如公司和总经理、系和系主任等。

一对多联系：如一个班级中有若干名学生，而每个学生只在一个班级中学习，则班级与学生之间具有一对多联系。再比如公司和副总经理、系和教师、主治医生和患者等。

多对多联系：如一门课程同时有若干名学生选修，而一名学生可以同时选修多门课程，则课程与学生之间具有多对多联系。再比如护士和患者、维修人员和设备等。

③ 数据世界。数据世界是现实世界中的事物及其联系经过信息世界的抽象后，转换到计算机中的表示形式。

字段（Fields）：标记实体属性的命名单位称为字段（或数据项）。如学生有学号、姓名、性别、出生年月等字段。

记录（Record）：字段的有序集合称为记录。

文件（File）：同一类记录的集合称为文件。文件是描述实体集的。如所有学生记录组成一个学生文件。

现实世界、信息世界和数据世界的关系如图 2-8 所示。

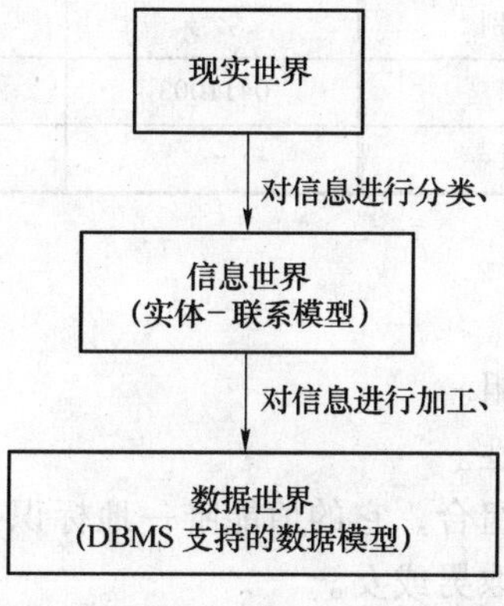

图 2-8　现实世界、信息世界和数据世界的关系

（2）数据模型简介。目前，在数据库系统中支持的数据模型主要有三种：层次模型、网状模型和关系模型。

① 层次模型。以层次或树状结构来表示实体之间的联系。一般只描述一对一或一对多的关系。

层次模型的特点：有且仅有一个根结点；其他结点有且仅有一个父结点；叶子结点无子结点，其他结点向下可与多个子结点相连；所有结点都处在某一层上时，同一层上的各结点之间没有联系。

层次模型如图 2-9 所示。

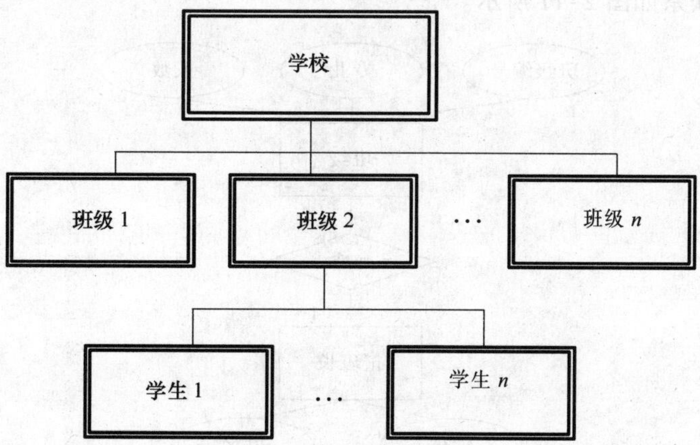

图 2-9　层次模型

② 网状模型。描述数据之间的多对多的关系，取消了层次模型中树状数据结构的限制。其特点是：允许一个结点有多个父结点，允许有一个以上的结点没有父结点，网状模型如图 2–10 所示。

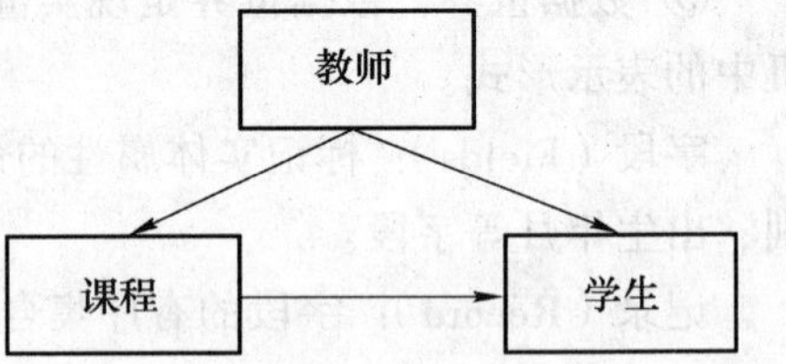

图 2–10 网状模型

③ 关系模型是使用最广的数据模型，其实质是用二维表的形式表示实体及其之间的联系。学生基本信息表就是最简单的关系模型，见表 2–1。

表 2-1 关系模型示例

学号	姓名	性别	学号	姓名	性别
0411001	张建平	男	0411003	陈玉东	男
0411002	赵晓丽	女	…	…	…

关系模型中的主要术语如下。

关系：一个关系对应一张二维表。

元组：二维表中的一行称为一个元组。

属性：二维表中的一列称为一个属性。

关键字：二维表中的属性或属性的组合，它的值能唯一地标识一个元组，如学号。

域：属性的取值范围，如性别可以取男或女。

（3）从 E–R 图转换到关系模式。

①（1:1）——一对一联系的 E–R 图到关系模式的转换规则。

每个实体集各对应一个关系模式。

对于（1:1）的联系既可单独对应一个关系模式，也可以不单独对应一个关系模式。

如果联系单独对应一个关系模式，则由联系属性、参与联系的各实体集的主码构成关系模式，其主码可选参与联系的实体集的任一方的主码。

如果联系不单独对应一个关系模式，联系的属性及一方的主码加入另一方实体集对应的关系模式中。

典型的一对一联系如图 2–11 所示。

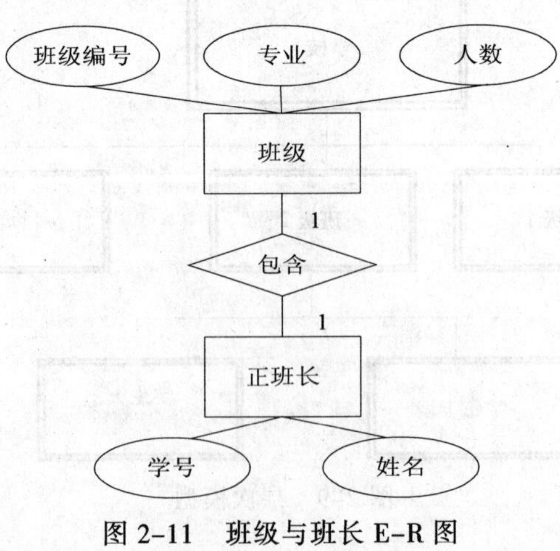

图 2–11 班级与班长 E–R 图

按照上述方法，如果联系不单独对应关系模式，可设计如下关系模式：

class（班级编号，院系，专业，人数）；

monitor（学号，姓名，班级编号）；

如果联系单独对应关系模式，可设计如下关系模式：

class（班级编号，院系，专业，人数）；

monitor（学号，姓名）；

belongto（学号，班级编号）。

②（1∶n）——一对多联系的 E-R 图到关系模式的转换规则。

每个实体集各对应一个关系模式。

对于（1∶n）的联系既可单独对应一个关系模式，也可以不单独对应一个关系模式。

如果联系单独对应一关系模式，则由联系属性，参与联系的各实体集的主码属性构成关系模式，n 端的主码作为该关系模式的主码。

如果联系不单独对应一个关系模式，则将联系的属性及 1 端的主码加入 n 端实体集对应的关系模式中，主码仍为 n 端主码。

一对多的联系如图 2-12 所示。

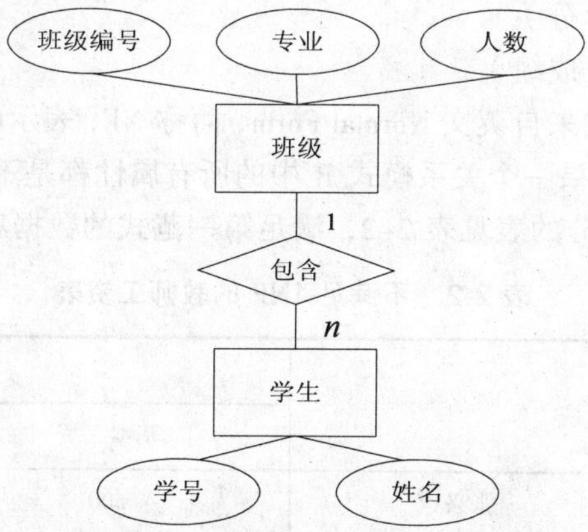

图 2-12　班级与学生的 E-R 图

如果联系不单独对应关系模式，可设计如下关系模式：

class（班级编号，院系，专业，人数）；

student（学号，姓名，年龄，性别，班级编号）。

如果联系单独对应一个关系模式，可设计如下关系模式：

class（班级编号，院系，专业，人数）；

student（学号，姓名，年龄，性别）；

belongto（学号，班级编号）。

③（m∶n）——多对多联系的 E-R 图到关系模式的转换。

每个实体集各对应一个关系模式。

对于（m∶n）的联系，单独对应一个关系模式。该关系模式包括联系的属性、参与联系的各实体集的主码属性，其主码由各实体集的主码属性共同组成。

多对多的联系如图 2-13 所示。

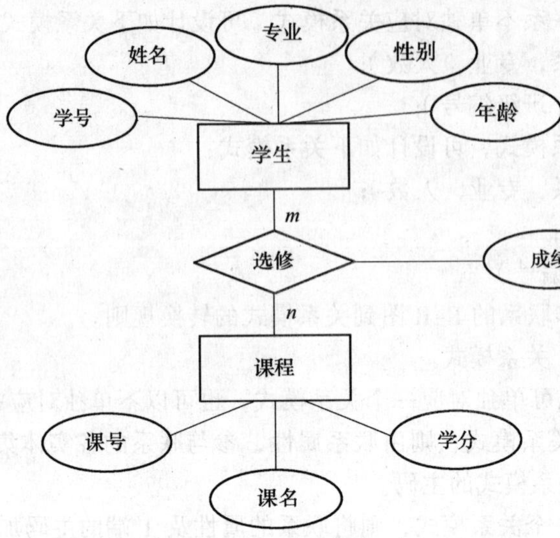

图 2-13　学生与课程的 E-R 图

student（学号，姓名，专业，性别，年龄）；

course（课号，课名，学分）；

selection（学号，课号，成绩）。

（4）关系的规范化。范式来自英文 Normal Form，简称 NF，表示的是关系模式的规范化程度。

①第一范式（1NF）：如果一个关系模式 R 中的所有属性都是不可再分的数据项，则称该模式为第一范式。属性可以再分的表见表 2-2，满足第一范式的数据项见表 2-3。

表 2-2　不满足 1NF 的教师工资表

教师代码	姓名	工资	
		基本工资	附加工资
1001	张兴	500	60
1002	李明	799	70
1003	王进	400	50

表 2-3　满足 1NF 的教师工资表

教师代码	姓名	基本工资	附加工资
1001	张兴	500	60
1002	李明	799	70
1003	王进	400	50

② 第二范式（2NF）：如果一个关系模式 R 满足 1NF，并且所有的非主属性都完全依赖于关键字，则称该模式为第二范式。以学生成绩表为例，满足第二范式的数据项见表 2-4。

表 2-4　学生成绩一览表

学号	课程号	班级	专业	成绩

表 2-4 中，关键字是学号和课程号，但班级、专业只依赖于学号，因此表 2-4 不满足第二范式。

③ 第三范式（3NF）：如果一个关系模式 R 满足 2NF，并且所有的非主属性都不传递依赖于关键字，则称该模式为第三范式。不满足第三范式的数据项见表 2-5。

表 2-5　产品生产厂商一览表

产品代码	产品名	生产厂名	生产厂址

消除传递依赖的方法是将原关系进行分解，例如，表 2-5 可以分解如下。

产品关系：产品代码、产品名、生产厂名。

生产厂关系：生产厂名、生产厂地址。

3. 数据库管理系统

数据库管理系统是指对数据进行管理的软件系统，是数据库系统的核心，负责管理数据库及用户对数据库的操作。数据库的各类人员，如最终用户、数据库设计人员及数据库管理员都通过数据库管理系统与数据库打交道。数据库管理系统为数据库的建立、运行、维护和控制提供了保证。

目前数据库管理系统可以分为两类：一类是小型数据库管理系统，易于开发且适用于少量数据的管理和维护；另一类是大型的数据库管理系统，其功能完善，具有更强的安全保障性，支持海量数据处理。目前主流的数据库管理系统产品有：XBase 系统、SQL Server、Oracle 等。

2.2.3　数据仓库与数据挖掘

随着计算机技术的飞速发展和企业间竞争的加剧，一方面，企业内的各级管理人员都希望能够快速有效地从大量杂乱无章的数据中获取有意义的信息；另一方面，决策者也希望能够利用现有数据指导企业决策和发掘企业的竞争优势。

由于数据常常被分割在不同的运行系统中，不同的管理者在进行决策时参考的信息不够完整，如何快速收集完整的数据是数据仓库需要解决的问题。

1. 数据仓库（Data Warehouse）

（1）数据仓库的定义。数据仓库是支持管理决策过程的、面向主题的、集成的、时变的、相对稳定的数据集合。

面向主题的：数据仓库中的信息是按主题组织的，按主题来提供信息。集成的：数据仓库中的数据经过系统的加工整理，是一致的、具有代表性的全局数据。时变的：数据仓库中存储的是一个时间段的数据，而不仅仅是某一个时间点的数据，一般数据仓库内的数据时限为 5~10 年。相对稳定的：数据一旦进入数据仓库以后，一般情况下将被长期保留，极少有更新或删除操作。

（2）数据仓库的特点：

① 数据仓库将来自不同数据库的信息结合在一起。人们根据企业关心的某些主题来创建数

据仓库，面向主题意味着需要根据数据内容及信息的详细程度进行选择，只收集决策所需的信息，所以数据仓库只包含与决策有关的信息。

② 数据仓库是多维的。在关系数据模型中，信息是通过二维表表示的；而在数据仓库中，数据是多维的，数据仓库也称多维数据库。用户只关心自己需要的信息，而不关心数据存在哪里。例如由时间、产品、销售量可以构成一个三维的数据仓库。数据仓库中的层次根据不同的维度表示信息，这种多维度的信息图表称为超立体结构。

③ 数据仓库支持决策而不是事务处理。在企业中，大多数数据库是面向事务的。但数据仓库不是面向事务的，而是用来支持企业中各类决策任务的。数据仓库主要保存历史性数据，数据一旦进入数据仓库，它们只能被用户检索，不会被改变。这是数据仓库与事务处理系统最大的区别。

④ 数据仓库的应用。数据仓库已成功应用于多个领域。在证券业，数据仓库可进行客户分析、账户分析、证券交易等。在税务领域，通过对大量数据资料的分析来掌握各行各业、各种产品和各类市场的从业人员以及企业的纳税能力，并与其实际纳税额进行对比，从而查出可能的偷税漏税者。在保险业、银行业、保健业及客户关系管理中数据仓库都有广泛的应用。

2. 数据挖掘

数据库中海量数据的背后往往隐藏着许多重要的信息，虽然数据库系统可以实现高效的数据查询及修改，却无法发现数据之间的关系和规则，因此出现了数据挖掘技术。

（1）数据挖掘的定义。数据挖掘是从大量的、不完全的、模糊的、随机的数据中抽取出有效的、新颖的和潜在有用的知识的过程。这种有用的知识隐藏在大量数据的背后，只通过研究表面现象无法推导出知识，我们常说的数据挖掘模型通常指数学模型。

所谓知识，并没有一个完整的、精确的定义，传统的知识库中的知识是由专家或程序人员建立的，是由外部输入的，而数据挖掘的任务是从大量数据中发现尚未被发现的知识，是从系统内部自动获取知识的过程。数据挖掘是一个复杂的过程，充分利用了统计学、人工智能等多个学科的知识。

数据挖掘的过程由三个阶段组成：数据准备、数据挖掘、结果表达和解释。

（2）常用数据挖掘方法——关联规则。在描述关联规则之前，我们先来看一个有趣的故事："尿布与啤酒"的故事。

在一家超市里，有一个有趣的现象：尿布和啤酒赫然摆在一起出售。但是这个奇怪的举措却使尿布和啤酒的销量双双增加了。这是发生在美国沃尔玛超市的真实案例，沃尔玛对其顾客的购物行为进行购物篮分析，试图得到顾客经常一起购买的商品种类。沃尔玛数据仓库里集中了其各门店的详细原始交易数据。在这些原始交易数据的基础上，沃尔玛利用数据挖掘方法对这些数据进行分析和挖掘。一个意外的发现是：跟尿布一起购买最多的商品竟是啤酒！

若不是借助数据挖掘技术对大量交易数据进行挖掘分析，沃尔玛是不可能发现数据内存在这一有价值的规律的。

若两个或多个变量的取值之间存在某种规律性，就称为关联。关联可分为简单关联、时序关联、因果关联。有时并不知道数据库中数据的关联函数，即使知道也是不确定的，因此关联分析生成的规则带有可信度。关联规则挖掘能发现大量数据中项集之间的关联。Agrawal 等人于 1993 年首先提出了挖掘顾客交易数据库中项集间的关联规则问题，以后诸多的研究人员对关联规则的挖掘问题进行了大量的研究。最近几年关联规则已被业界广泛研究。

关联规则挖掘过程主要包含两个阶段：第一阶段必须先从资料集合中找出所有的高频项目组（Frequent Itemsets），第二阶段再由这些高频项目组产生关联规则（Association Rules）。高频的意思是指某一项目组出现的频率相对于所有记录而言，必须达到某一水平。一项目组出现的频率称为支持度（Support）。

Apriori 算法是一种最有影响的挖掘布尔关联规则频繁项集的算法。其核心是基于两阶段频集思想的递推算法。在这里，所有支持度大于最小支持度的项集称为频繁项集，简称频集。

该算法的基本思想是：首先找出所有的频集，这些项集出现的频繁性至少和预定义的最小支持度一样。然后由频集产生强关联规则，这些规则必须满足最小支持度和最小可信度。一旦这些规则生成，那么只有那些大于用户给定的最小可信度的规则才被留下来。为了生成所有频集，使用了递推的方法。

以某超市的事务数据为例，事务数据见表 2–6。

表 2-6　某超市的事务数据

事务	商品列表	事务	商品列表	事务	商品列表
T1	I1、I2、I5	T4	I1、I2、I4	T7	I1、I3
T2	I2、I4	T5	I1、I3	T8	I1、I2、I3、I5
T3	I2、I3	T6	I2、I3	T9	I1、I2、I3

具体说明算法的步骤如下：

① 首先计算单一项集的支持度，见表 2–7，如{I1}的支持度为 I1 出现的次数，结果是 6，以此类推。假定最小支持度为 2。

表 2-7　单一项集的支持度

项集	支持度	项集	支持度
{I1}	6	{I4}	2
{I2}	7	{I5}	2
{I3}	6		

② 剪去支持度小于最小支持度的项集行，由表 2–7 得知，没有可删去的行。

③ 计算二项集的支持度。表 2–8 中，如计算{I1，I2}的支持度为 I1，I2 同时出现的次数，扫描原始事务数据，得到结果为 4，其他二项集的计算方法同理可得。

表 2-8　二项集的支持度

项集	支持度	项集	支持度	项集	支持度
{I1，I2}	4	{I2，I3}	4	{I3，I4}	0
{I1，I3}	4	{I2，I4}	2	{I3，I5}	1
{I1，I4}	1	{I2，I5}	2	{I4，I5}	0
{I1，I5}	2				

④ 剪去支持度小于最小支持度的项集行，得到表 2–9。

表 2-9 剪枝后的二项集

项集	支持度	项集	支持度
{I1，I2}	4	{I2，I3}	4
{I1，I3}	4	{I2，I4}	2
{I1，I5}	2	{I2，I5}	2

⑤ 同理计算三项集的支持度，并剪枝，得到表 2-10。

表 2-10 剪枝后的三项集

项　集	支 持 度
{I1，I2，I3}	2
{I1，I2，I5}	2

⑥ 由于四项集生成即被剪去，所以算法终止。

⑦ 产生关联规则。

置信度的公式为：confidence（$A\Rightarrow B)=\dfrac{\text{support}\_(A\cup B)}{\text{support}(A)}$

对于每个频繁项集 l，产生 l 的所有非空子集；

对于 l 的每个非空子集 s，若 $\dfrac{\text{support}(t)}{\text{support}(s)}\geqslant \text{min\_conf}$，则输出规则“$s\Rightarrow(l-s)$”。

其中，min_conf 为最小置信度。

以{I1，I2，I5}为例，l 的非空子集有{I1}，{I2}，{I5}，{I1，I2}，{I1，I5}，{I2，I5}。

I1，I2 ⇒ I5　confidence=2/4=50%

I1，I5 ⇒ I2　confidence=2/2=100%

I2，I5 ⇒ I1　confidence=2/2=100%

I1 ⇒ I2，I5　confidence=2/6=33%

I2 ⇒ I1，I5　confidence=2/7=29%

I5 ⇒ I1，I2　confidence=2/2=100%

若最小置信度为 70%，则规则 2，3，6 可以输出。

3. OLAP（联机分析处理）

OLAP 是决策支持领域的一部分。传统的查询工具能够告诉用户数据库中有什么，OLAP 则更进一步告诉用户下一步会怎么样，如果采取这样的措施又会怎么样。用户首先建立一个假设，然后用 OLAP 检索数据库来验证这个假设是否正确。比如，一个分析师想找到是什么原因导致了贷款拖欠，他可能先做一个初始的假定，认为低收入的人信用度也低，然后用 OLAP 来验证这个假设。如果这个假设没有被证实，他可能去察看那些高负债的账户，如果还不行，他也许要把收入和负债放在一起考虑，直到找到他想要的结果或最终放弃。

也就是说，首先需要建立假设，然后通过 OLAP 来证实或推翻这些假设得到最终的结论。OLAP 分析过程在本质上是一个演绎推理的过程。

数据挖掘与 OLAP 不同的是，数据挖掘不是用于验证某个假定的模式的正确性，而是在数据库中自己寻找模型，其在本质上是一个归纳的过程。

【案例分析】

数据挖掘技术在美国银行金融领域应用广泛。金融事务需要搜集和处理大量数据，对这些数据进行分析，发现其数据模式及特征，然后可能发现某个客户、消费群体或组织的金融和商业兴趣，并可观察金融市场的变化趋势。商业银行业务的利润和风险是共存的。为了保证最大的利润和最小的风险，必须对账户进行科学的分析和归类，并进行信用评估。Mellon 银行使用 Intelligence Agent 数据挖掘软件提高销售和定价金融产品的精确度，如家庭普通贷款。零售信贷客户主要有两类，一类很少使用信贷限额（低循环者），另一类能够保持较高的未清余额（高循环者）。每一类都代表着销售的挑战。低循环者代表缺省和支出注销费用的危险性较低，但会带来极少的净收入或负收入，因为他们的服务费用几乎与高循环者的相同。银行常常为他们提供项目，鼓励他们更多地使用信贷限额或找到交叉销售高利润产品的机会。高循环者由高、中等危险元件构成。高危险分段具有支付缺省和注销费用的潜力。对于中等危险分段，销售项目的重点是留住可获利的客户并争取能带来相同利润的新客户。但根据新观点，用户的行为会随时间而变化。分析客户整个生命周期的费用和收入就可以看出谁是最具创利潜能的。Mellon 银行认为“根据市场的某一部分进行定制”能够发现最终用户并将市场定位于这些用户。但是，要这么做就必须了解关于最终用户特点的信息。数据挖掘工具为 Mellon 银行提供了获取此类信息的途径。Mellon 银行销售部在先期数据挖掘项目上使用 Intelligence Agent 寻找信息，主要目的是确定现有 Mellon 用户购买特定附加产品即家庭普通信贷限额的倾向，利用该工具可生成用于检测的模型。据银行官员称：Intelligence Agent 可帮助用户增强其商业智能，如交往、分类或回归分析，依赖这些能力，可对那些有较高倾向购买银行产品、服务产品和服务的客户进行有目的的推销。该官员认为，该软件可反馈用于分析和决策的高质量信息，然后将信息输入产品的算法。Intelligence Agent 还有可定制能力。

美国 Firstar 银行使用 Marksman 数据挖掘工具，根据客户的消费模式预测何时为客户提供何种产品。Firstar 银行市场调查和数据库营销部经理发现：公共数据库中存储着关于每位消费者的大量信息，关键是要透彻分析消费者投入到新产品中的原因，在数据库中找到一种模式，从而能够为每种新产品找到最合适的消费者。Marksman 能读取 800~1000 个变量并且给它们赋值，根据消费者是否有家庭财产贷款、赊账卡、存款证或其他储蓄、投资产品，将它们分成若干组，然后使用数据挖掘工具预测何时向每位消费者提供哪种产品。预测准客户的需要是美国商业银行的竞争优势。

（案例来源：http://www.baisi.net/thread-17840-1-1.html）

案例思考题

根据上述案例，我们可以获得哪些启迪？

【本章小结】

信息技术是主要用于管理和处理信息所采用的各种技术的总称；网络拓扑结构是指网络中结点计算机的连接方式。常用的网络拓扑结构有星状结构、环状结构、总线状结构；数据库简单讲是存放数据的仓库，具体地说，数据库是以一定的组织方式存储在一起的相关数据的集合，要求数据具有最小的冗余度、最大的独立性和共享性及较高的数据安全性；数据库系统的优点包括：以数据模型为基础、数据冗余度小，共享性高、数据和程序间有较高的独立性、数据的安全性和完整性由数据库管理系统统一管理和控制；在数据库系统中支持的数据模型主要有三种：层次模型、网状模型和关系模型；关系模型是使用最广的数据模型，用二维表的形式表示实体及其之间的联系；数据仓库是支持管理决策过程的、面向主题的、集成的、时变的、相对稳定的数据集合。

【关键术语】

信息技术　数据库　数据仓库　数据挖掘　关联规则

复习思考题

1. 信息技术的定义及特征是什么？
2. 计算机网络的拓扑结构有哪几种？
3. 按覆盖的地理范围分，计算机网络分为几种类型？
4. Intranet、Extranet 与 Internet 有什么区别？
5. 什么是数据库？数据库系统有什么优点？
6. 常用的数据模型有哪些？
7. 如何把关系进行规范化处理？
8. 什么是数据仓库？数据仓库有什么特点？
9. 简述关联规则算法。

第3章 管理信息系统的战略规划

【学习目标】

- 了解信息化与信息系统的关系
- 理解和掌握诺兰阶段模型
- 理解和掌握战略规划的概念、作用和任务
- 理解和掌握企业系统规划法的基本思路、步骤和作用
- 理解和掌握关键成功因素法的思想、步骤及作用
- 理解可行性研究的定义、内容

规划，一般指对较长时期的活动进行的总体的、全面的计划。管理信息系统的建设是一项耗资大、时间长、技术复杂且涉及面广的系统工程，如果没有事前科学合理的规划，很可能会导致失败。系统规划是管理信息系统建设成功的关键之一，所以在正式开发之前，必须认真地制定有充分根据的 MIS 战略规划（或称总体规划）。

信息系统战略规划是信息系统生命周期的第一阶段。本章首先介绍了信息系统发展阶段论，其次介绍总体规划的相关概念，然后介绍信息系统总体规划的常用方法，最后介绍可行性研究。

3.1 信息系统发展阶段论

信息系统的战略规划是关于管理信息系统的长远发展计划，对系统的成功建设具有重要的意义。战略规划要根据企业信息系统发展所处的阶段，把握好战略规划的时机，规划的时机既不能过早也不能过晚。

3.1.1 信息化与信息系统

人类社会发展的三大资源是物质、能源和信息。工业革命使人类在开发、利用前两种资源上取得巨大成功，其结果是开启了工业时代。当今，随着以计算机技术、通信技术、网络技术为代表的现代信息技术的飞速发展，人们越来越重视对信息资源的开发和利用。信息化水平的高低已经成为衡量一个国家、一个地区现代化水平和综合国力的重要标志。那什么是信息化？

信息化是由工业社会向信息社会过渡的一个转变过程，它反映了从有形的可触摸的物质产品起主导作用的社会到无形的难以触摸的信息产品起主导作用的社会演化和转型的动态过程。在这一过程中，整个社会通过普遍地采用信息技术和电子信息设备，更有效地开发信息资源，使信息资源创造的价值在国民生产总值中的比例逐步上升直至占主导地位。

信息系统与信息化又是什么关系呢？我们可以这样理解，如果将企业信息化比喻为建设一座宏观的大厦的话，那么，各种类型、各种规模的信息系统的建设，就是为这座大厦添砖加瓦，是必不可少的重要因素。具体的行业、部门、单位实现信息化，主要体现在各种各样的信息系统的建设，例如，现在遍布所有企业和部门的财务管理系统、联系世界的错综复杂的通信系统、政府部门的税务管理系统、社会生活中的户籍管理系统等等。可见，信息化的基础是全社会信息技术的普及（包括基础设施的迅速完善）。信息化的效益则是通过一个个具体的信息系统体现出来的。例如，交通与运输信息系统为保证城市的交通顺畅创造了有力条件；各种电子政务系统和办公自动化系统大大提高了政府工作的效率和透明度；各种电子商务系统不仅拓展了商务的内容，提高了交易的效率，而且缩短了经济活动中资金周转的周期。

信息系统规划的任务就是要把信息化与具体的信息系统建设联系起来，考虑如何通过信息系统的建设来推进信息化的进程。信息化不是一朝一夕能够完成的，是一个相当漫长的过程，即使把视野局限在一个具体的组织或者行业中，它也需要五到十年的时间去完成。具体的信息系统建设，它的目标是要紧紧围绕整个组织或企业的战略方向来确定，也要考虑很多技术和管理细节。一般来说，具体的项目安排不能超过两年，否则不确定因素就会超出可以控制的范围，难以按照预定的计划去实施。整个企业的信息化建设就好比是搭建一架很长的梯子，通过梯子可以使得企业的竞争力更上一层楼，而每个信息系统建设项目就是这架梯子上的一个个阶梯，离开这些阶梯，梯子就散架了，上楼的目的也就不能达到。

3.1.2 诺兰阶段模型

任何企业的信息化建设都不可能一步到位，总是分阶段实施的。美国信息化专家诺兰教授认为，任何组织由手工信息系统向以计算机为基础的信息系统发展时，都存在一条客观的发展规律。1973 年，他提出了信息系统发展的四阶段论。1980 年，进一步完善了该模型，将计算机信息系统的成长过程划分为 6 个阶段，即著名的诺兰阶段模型，如图 3–1 所示。

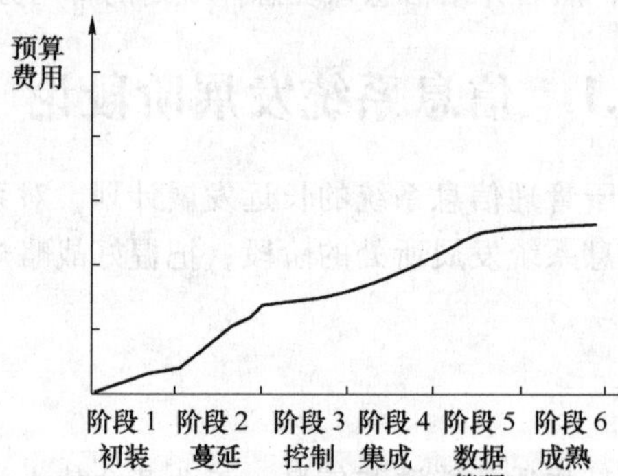

图 3–1　诺兰阶段模型

1. 初装阶段

初装阶段从企业购置第一台计算机并初步开发管理应用程序开始，一般发生在数据处理量大的财务部门。该阶段的特点是计算机的作用被初步认识，少数人具有了初步使用计算机的能力，计算机是分散控制的，没有统一规划。

2. 蔓延阶段

广大管理人员都认识到了计算机信息系统的优越性，纷纷购置设备，开发支持自身管理的信息系统。信息系统从少数部门扩散到各个部门，各部门组织、开发了大量的应用程序，使得硬件、软件投资和开发费用急剧增长，以至于在对信息系统的管理和费用方面都产生了危机，这就是所谓的“蔓延”阶段。

在该阶段，数据处理能力发展得最为迅速，但同时在组织内部出现了许多诸如数据冗余、不一致性以及难以共享等有待解决的问题。

3．控制阶段

随着计算机应用的进一步发展，预算每年以 30%～40%或更高的比例增长，投资的回收却不理想。企业管理者开始对计算机信息系统的开发使用进行控制，除了控制各项投资费用之外，还要求完善各个子系统的功能，以提高计算机应用的效益，其发展速度与前两个阶段相比要缓慢得多。同时，在控制阶段出现分散开发的系统不能互通及信息不能共享等一系列问题，因此产生了从全局出发建立一个支持全企业的信息系统的需求。

4．集成阶段

在集成阶段，信息系统的开发首先考虑总体，对子系统中的硬件进行重新连接，建立集中式的数据库，基于集中式的数据库实现各子系统的需求，从而使整个企业做到资源共享，提高管理效率。该阶段支持全局信息系统的需求，势必需要重新购买大量设备，预算费用又一次迅速增长，但是开发速度加快了。

5．数据管理阶段

管理信息系统通过集成、综合之后才有可能进行有效的数据管理，实现数据共享。在数据管理阶段，企业开始使用一体化的管理软件，日常数据处理工作已经普遍由计算机完成，并对数据进行协调一致和深入使用，真正做到对整个企业的数据进行统一的规划和应用，提高信息的使用效率，充分发挥计算机信息系统的功能，把计算机应用推到了更高的层次和更新的领域。

6．成熟阶段

到了成熟阶段，信息系统可以满足企业中各个管理层次（高层、中层、基层）的需求，从简单的事务处理，到中间层的控制管理，到支持高层管理的决策。企业真正把信息技术同管理过程结合起来，将组织内部、外部的资源充分整合和利用，从而提高了企业的竞争力和发展潜力。

诺兰阶段模型是对计算机信息系统发展历程的总结。诺兰曲线反映了一定的发展规律，跳跃某个或某几个阶段是不大可能的，但是随着人们对信息系统认识的提高，可以压缩某些阶段的时间，特别是蔓延阶段的时间。这就要适时地进行总体规划，变分散开发为有计划、有步骤的开发。总体规划的时机可选择在控制或集成阶段。如果总体规划的时机过早，会导致规划出的结果因实际企业的各方面的条件不成熟而无法实现，对今后的开发不具有指导意义。如果规划时间越晚，分散开发的系统越多，有的已经运转多年，对它们进行改造的代价就越高，也会影响企业计算机应用的进程。一般认为，对那些有一定计算机应用基础，或有了一两年数据处理系统开发经验的企业，考虑建设企业信息系统的时候，可先安排一段时间从事规划工作。

3.2　管理信息系统战略规划概述

“凡事预则立，不预则废”，科学的规划对信息系统建设非常重要。战略规划可以避免企业陷入信息化建设的泥潭，帮助企业克服“重硬件、轻软件”的片面现象。战略规划应该站在企业组织的战略层次，根据企业所处的内外部环境、结合自身的潜力、具备的条件以及组织进一步发展的需要，确定组织在一定时期内所需开发的各类信息系统，采用“自顶向下”的方式，一步一步地达到建立企业管理信息系统的目标。

3.2.1 管理信息系统战略规划的概念和作用

企业战略规划是企业长期的发展计划，是组织领导者关于组织概念的集合。它围绕企业的战略目标，在方向与目标、环境约束和政策、计划和指标体系三个方面在企业的不同层次间进行平衡和协调。MIS战略规划是关于企业管理信息系统长远发展的计划，它规划企业信息系统的发展目标、方向、规模和发展进程等，是企业整体战略规划的重要组成部分，它服务于企业的整体战略规划，目的是保持信息系统功能体系和经营战略的一致性。MIS战略规划是企业战略规划的重要组成部分。现有的信息系统可以为企业制定或者调整企业战略规划提供各种必要的信息支持。因此，MIS战略规划应当与企业战略规划有机地配合，与企业的发展战略保持一致。

一个科学有效的战略规划可以使信息系统和用户有较好的关系，可以做到信息资源的合理分配和利用，可以使信息系统的各个组成部分之间能够相互协调工作，还可以促进信息系统应用的深化。如ERP的应用，可以为企业创造更多的利润。一个好的规划还可以作为一个标准，可以考核信息系统人员的工作，明确他们的方向，调动他们的积极性。进行一个规划的过程本身就是迫使企业领导回顾过去的工作，发现可以改进的地方。综上所述，MIS战略规划的作用包括如下。

（1）明确管理信息系统发展的目标、任务、方法、步骤和原则，从而指导管理信息系统的建设工作。MIS战略规划明确规定了系统开发的目标、任务、方法和步骤，系统开发人员和管理人员要共同遵守规划规定的内容，可以说信息系统规划是指导信息系统建设的纲领性文件。

（2）通过规划可以合理利用信息资源，使得信息被全企业所共享，节省管理信息系统投资。由于企业或组织内外的信息源很多，其内外之间都有大量的信息需要交换和共享，如何收集、存储、加工和利用这些信息以满足各种不同层次的需要，必须有来自高层的、统一的、全局的规划，才能实现信息的共享。

（3）通过制定规划，找出企业存在的问题，有利于改善企业的管理模式，特别是根据新技术条件下信息处理的特点，寻求业务处理的最佳流程和组织的最佳结构。

（4）信息系统规划是系统验收、评价的标准。新系统建成后，应该对该系统运行后的情况进行测定验收，对系统的目标、功能、特点、可用性等进行评价，这些工作都是以信息系统规划为标准。

3.2.2 管理信息系统战略规划的任务

（1）制定管理信息系统的发展战略。管理信息系统应该服务于企业管理，其发展战略必须与整个企业的战略目标一致。制定管理信息系统的发展战略，首先要调查分析企业的目标和发展战略，评价现行信息系统的功能、环境和应用状况；在此基础上确定管理信息系统的使命，制定管理信息系统的目标及相关政策。

（2）制订管理信息系统的总体方案，安排项目开发计划。剖析原系统（或业务过程）的不合理之处，重组业务流程。在调查分析企业信息需求的基础上，提出管理信息系统的总体结构方案。根据发展战略和总体结构方案，确定系统和应用项目开发次序及时间安排。

（3）分析管理信息系统开发的可行性。可行性分析是指根据系统的环境、资源等条件，判断所提出的信息系统项目是否有必要、有可能开始进行，如果要进行，应采取什么建设方案。对于可行性分析，我们将在 3.4 节给出详细介绍。

（4）制定系统建设的资源分配计划。提出为实现开发计划所需要的硬件资源、软件资源、技术人员、资金、服务等资源计划，作整个系统建设的概算。

3.2.3　管理信息系统战略规划的组织

管理信息系统战略规划的制定，决定着管理信息系统能够最终成功开发，因此，信息系统规划需要成立一个领导小组，并进行有关的人员培训，同时要明确规划工作的进度。

（1）信息系统规划领导小组。为了实现系统规划目标，首先必须成立一支规划领导小组。这个小组要在企业最高层管理者的直接领导之下，由一名负责全面规划工作的信息系统规划负责人和企业各部门的业务骨干组成，他们的主要任务是完成有关数据和业务的调研和分析工作。

（2）人员培训。进行信息系统规划需要采用一套成熟科学的规划方法，这套方法对大多数参加者来说是陌生的，因此应对高层管理人员、分析员以及领导小组的成员进行培训，使他们掌握制定管理信息系统规划的方法。

（3）制定进度。在明确掌握和制定战略规划的方法之后，应该为规划工作的每个阶段给出一个大体上的时间限制，以便对规划过程进行严格管理，避免因拖延而造成损失、丧失信誉或被迫放弃。

3.2.4　管理信息系统战略规划的步骤

（1）确定总体规划的基本问题。应明确管理信息系统总体规划的年限及规划方法。确定是集中式规划还是分散式规划，是进取的还是保守的规划。

（2）收集相关信息。这些信息包括企业内部信息，如发展目标、发展战略等；企业外部信息，如行业状况、市场动态、竞争对象等。可以从企业各个部门入手，与相关管理人员沟通获取，也可以从各类文件、书籍和杂志以及竞争对手等处收集信息。

（3）进行总体战略分析。对管理信息系统的目标、开发方法、功能结构、计划活动、信息部门的情况、财务情况、风险度和政策等进行分析。

（4）定义约束条件。根据单位的情况，确定需要的软硬件资源、数据通信设备、人员、资金、技术、服务等限制，定义管理信息系统的约束条件和政策。

（5）明确规划目标。根据前几个阶段的调查分析，结合组织内外的约束条件，确定管理信息系统的开发目标，明确管理信息系统应具有的功能、服务范围和质量等。

（6）提出未来的略图。根据目前组织在决策支持和事务处理方面的信息需求，为整个组织或其主要部门提出管理信息系统的总体结构方案，给出初步框架，包括各子系统的划分。

（7）选择开发方案、确定开发顺序，提出实施进度。通过比较分析选定开发方案，并且选择优先开发的项目，确定总体开发顺序、开发策略和开发方法，最终提出实施进度。

（8）通过总体规划。把信息系统的规划撰写成文档，然后将规划报告上交给单位（企业、部门）高层领导审批。若是批准通过，则信息系统规划工作完成，开始实施项目；若审批未通过，则规划工作需要重新进行。

3.3 管理信息系统战略规划的常用方法

信息系统的规划是一项复杂、难度大、不确定性程度高的任务，需要有科学的实施方法。目前用于信息系统规划的方法有很多，比较常见的有企业系统规划法、关键成功因素法、战略目标集转化法和企业信息分析与集成技术法等。下面介绍应用最多的两种方法。

3.3.1 企业系统规划法

企业系统规划法（Business System Planning，BSP）是 IBM 在 20 世纪 70 年代提出的，旨在帮助企业制定信息系统的规划，以满足企业近期和长期的信息需求，是现阶段影响最广的方法。

1. BSP 法的基本思路

BSP 法的基本思路是：将建立的信息系统必须支持企业目标；应该表达所有管理层次的要求；应该向整个企业提供一致性信息；对组织结构的变革具有适应性。BSP 法从描述企业战略目标入手，逐步将企业目标转化为管理信息系统的目标和结构，从企业最基本的活动过程出发，进行数据分析，分析决策所需数据，定义支持企业过程的数据类，这些数据类可以用于开发信息系统的数据库，然后自下而上设计系统，以支持系统目标的实现。从该意义上来看，BSP 法是一种综合了 top-down 策略和 bottom-up 策略的信息系统规划方法，如图 3-2 所示。

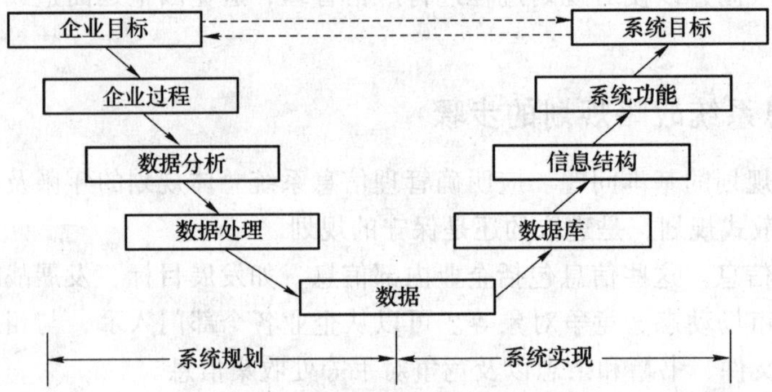

图 3-2 企业系统规划法

2. BSP 法的工作步骤

（1）准备工作。准备工作包括成立专门的委员会，企业的总经理或者副总经理是委员会的最高负责人，下设专门的规划研究组，研究组不仅要有信息技术人员，还要包括各部门的业务骨干，明确规划目标和范围，制定进度计划，并进行必要的人员培训。在研究工作开始之前，还要有一些必要的组织支持：一个工作控制室、一个采访交谈计划、一个最终报告的提纲，还有一些必要的经费。这些都是保证规划研究顺利进行的必要条件。

（2）调研。规划研究组成员深入各级管理层，通过多种方式调查、搜集有关材料，深入了解企业有关决策过程、组织职能、部门的主要活动以及企业存在的主要问题。调研以采访的方式为主，因此应事先准备好采访的提纲，事后进行分析总结。例如，常用的主要采访问题有：

- 你的责任领域是什么？基本目标是什么？
- 你去年达到目标所遇到的三个最大问题是什么？是什么妨碍你解决它们？
- 什么是你最有用的信息？你如何测量？

➢　你的领域明年或三年内的主要变化是什么？

（3）定义业务过程（又称企业过程或管理功能组）。业务过程即企业过程，是为了实现企业的目标而进行的一系列跨越时空的、逻辑相关的业务活动。在 BSP 法中，非常重要也非常关键的工作是识别企业过程。因为对于一个项目规划来说，其所有的工作都是基于过程展开的。一个组织的业务过程有很多，但是总有一些是最基本、最核心的。比如，财务处最基本的业务是管理资金，人事处最基本的业务是管理人员，医院的核心业务是治疗患者等等。失去了这些核心业务，组织也就失去了存在的意义。因此，根据 BSP 法的基本思想，弄清楚业务过程，明确表达出来，并写出文档资料，这是规划工作的前提。识别企业过程的方法称为“通用模型法”。它首先引用一个较粗的通用模型，通过对这个模型不断扩展，以适应特殊企业的需要。在使用这种方法时往往可参考一些典型的案例，同类企业之间有很多相似之处，可在寻找过程中作参考。

（4）业务过程重组。在定义业务过程的基础上，对业务过程进行优化，分析哪些是冗余的、哪些是需要合并撤销的，也可能需要新增某个过程。主要是分析哪些过程是低效的，需要在信息技术条件下优化；哪些不适合计算机处理的特点，要予以取消。总之，要根据组织目标，对基本业务过程进行归并、组合和消冗，得到新的基本业务过程和管理功能组，并据此对组织机构进行重组。

（5）定义数据类。数据类是支持业务过程所必需的逻辑上相关的数据。除非企业本身发生变化，否则这些基本数据不会改变。数据分类以组织的业务过程为基础，分析各业务过程使用的数据（即输入数据）和产生数据（即输出数据），按逻辑相关性归纳分类。识别企业数据类有两种方法：企业实体法和过程法。

① 实体法。实体法是先识别系统的实体。所谓实体是数据存储的载体，它可以是一个实际的对象如人员、设备，也可以是抽象的对象如数据中心、预算等；然后用四种类型的数据来描述每个实体，这四种类型的数据为计划型、统计型、文档型、事务型；最后把实体和数据类型作在一张二维表上就得到了实体/数据类型表，见表 3－1。

表 3—1　实体/数据类型表

实体 数据类型	产品	材料	设备	人员
计划型	产品计划	材料需求计划	设备计划（采购、维护）	人员需求计划
统计型	月、季、年度产品需求	材料耗用	设备利用率	各类人员统计
文档型	产品规范文档	材料入库、出库记录	工作负荷状况	职工档案
事务型	订货记录，生产调度表	采购订货、收发	设备调度表	调动、晋升记录

② 过程法。它利用以前定义的企业过程，分析每一个过程利用什么数据、产生什么数据，或者说每一个过程的输入和输出的数据是什么，对每一个过程标出其输入、输出数据类。它可以用“输入－过程－输出”图来形象地表达（见图 3-3），再与用第一种方法得到的数据类比较并进行调整，最后归纳出系统的所有数据类。

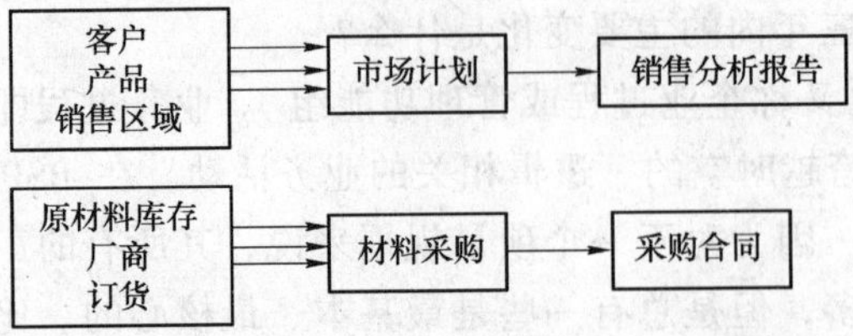

图 3-3 “输入-过程-输出”数据类图

（6）定义信息系统总体结构。定义信息系统总体结构的目的是刻画未来信息系统的框架和相应的数据类。其主要工作是划分子系统，具体实现可利用 U/C 矩阵。

① U/C 矩阵即过程/数据类矩阵，用于描述组织的业务过程和数据类的关系，主要用来对系统功能划分进行分析和优化。U/C 矩阵是一个进行内容分析的二维表，U/C 矩阵中的行表示过程，列表示数据类，过程和数据类交叉点上的符号 C（Create）表示这类数据由该过程产生，用交叉点上的 U（Use）来表示在这类过程中使用相应的数据类，没有符号表示的交叉点表示过程和数据类无关。

② U/C 矩阵的求解过程就是对系统结构划分的优化过程，具体步骤如下。

首先，列出企业的管理功能（业务过程）和数据类。

其次，分析管理功能和数据类的关系，在表中填入 U 或 C，这就建立了初始 U/C 图，在图中 U、C 在矩阵中的排列也是分散的，见表 3-2。

表 3-2 过程/数据类关系

数据类 过程	客户	订单	产品	工艺路线	材料表	供应商	成本	物料清单	原材料库存	成品库存	职工	销售区域	财务	计划	设备负荷	材料供应	工序
企业计划							U						U	C			
财务规划							U				U		U	U			
产品预测	U		U									U		U			
设计、开发	U		C		U			C									
产品工艺			U		C			U	U								
采购						C											
库存控制									C	C						U	U
调度			U			U									U		C
能力计划				U		U									C	U	
材料需求			U		U	U										C	
生产流程				C											U	U	U
区域管理	C	U	U														
销售	U	U	U									C					
订货服务	U	C	U														
运输		U	U							U							
会计总账	U		U			U											
成本核算		U				U	C										
人员计划																	
招聘考核																	

在建立了初始 U/C 矩阵图以后，需要对其进行完备性、一致性和无冗余性检验。其中完备性检验指每一个数据类必须有一个产生者(即“C”)和至少有一个使用者(即“U”)，每个功能必须产生或者使用数据类，否则这个 U/C 矩阵是不完备的。一致性检验指每一个数据类仅有一个产生者，即在矩阵中每个数据类只有一个“C”。如果有多个产生者的情况出现，则会产生数据不一致的现象。无冗余性检验是指每一行或每一列必须有“U”或“C”，即不允许有空行空列。若存在空行空列，则说明该功能或数据的划分是没有必要的、冗余的。

再次，调换过程行和数据类列的顺序。对过程行按功能组排列，组内按发生先后次序排列；对数据类列进行左右移动，使矩阵中所有 C 尽量靠近主对角线。

最后，分组。将 U 和 C 密集的地方框起来，所有 C 都必须包括在框里，沿对角线一个接一个地画框，既不能重叠，也不能漏掉任何一个过程，并命名，这就是子系统。方框的划分是不唯一的，但 C 都包含在方框内。表 3－3 是排序之后的 U/C 矩阵。

表 3-3　过程/数据类关系

过程	数据类	计划	财务	产品	物料清单	材料表	供应商	原材料库存	成本库存	工序	设备负荷	材料供应	工艺路线	客户	销售区域	订单	成本	职工
经营计划	企业计划	C	U														U	
	财务规划	U	U														U	U
技术准备	产品预测	U		U										U	U			
	设计、开发			C	C	U								U				
	产品工艺			U	U	C												
生产制造	采购						C	U										
	库存控制							C	C	U		U						
	调度			U			U			C	U							
	能力计划						U				C	U	U					
	材料需求			U			U					C						
	生产流程									U	U	U	C					
销售	区域管理			U										C		U		
	销售			U										U	C	U		
	订货服务			U										U		C		
	运输			U					U							U		
财会	会计总账			U			U							U				U
	成本核算						U									U	C	
人事	人员计划																	C
	招聘考核																	U

（7）确定总体结构中子系统开发的先后顺序。由于资源的限制，系统的开发总有个先后次序，而不可能全面开发。划分子系统之后，根据企业目标和技术约束确定子系统实现的优先顺

序。一般来讲，对企业贡献大的、需求迫切的、容易开发的优先开发。以下是确定子系统实施顺序的原则。

第一步，系统需求程度与潜在的效益评估。通过对管理人员、决策者的调查访问，进行定性评估。根据评估标准（如潜在效益、对企业的影响、迫切性），对每个子系统在管理人员和决策人员中用评分的方法进行评估，将每个子系统的得分作为优先顺序的参考。

第二步，技术约束分析。对子系统之间的关联，可用表 3-3 进行分析。用箭头把落在框外的 U 和子系统联系起来，表示子系统之间的数据流。例如"计划"数据类，由经营计划子系统产生，而技术准备系统要用到这一数据类。这类数据资源今后应考虑放在网络上供子系统共享或通过网络来相互传递数据。利用该表很容易评出每个子系统产生的数据有多少被其他子系统所共享。有较多子系统共享的数据应较早实现。当然也要考虑数据的重要性及关联的紧密程度。

（8）完成最终的规划报告。整理研究结果，提出建议书和制定开发计划。

3. BSP 法的作用

（1）确定出未来管理信息系统的总体结构，明确整个系统的子系统组成以及开发这些子系统的先后顺序。

（2）对数据进行统一规划、管理和控制，明确各子系统之间的数据交换关系，保证信息的一致性。

BSP 法的优点在于它能保证管理信息系统独立于企业的组织机构，即使企业的组织机构和管理体制发生变化，管理信息系统的结构体系也不会受到太大冲击，这就保证了信息系统具有对环境变化的适应性。

3.3.2 关键成功因素法

关键成功因素法（Critical Success Factors，CSF）是信息系统规划方法之一，在 1970 年由哈佛大学教授 William Zani 提出。20 世纪 80 年代初，麻省理工学院的教授 John Rokart 把 CSF 法应用于 MIS 战略规划。关键成功因素指的是对企业成功起关键作用的因素。关键成功因素法就是通过分析找出使得企业成功的关键因素，然后再围绕这些关键因素来确定系统的需求，并进行规划。需要注意，不同企业有不同的关键成功因素。例如，制造企业更加关注的是产品的成本和质量，服务企业关注的是客户满意度，对保险企业来说最重要的应该是险种的开发和工作人员的工作效率等。即使是同一个行业的组织，由于各自所处的外部环境的差异和内部条件的不同，其关键成功因素也不尽相同。因此，采用 CSF 法时一定要结合企业的实际情况来制定信息系统规划。

CSF 方法的核心思想是采用围绕关键成功因素的方式来制定组织的信息系统规划。CSF 方法的实施步骤如下。

（1）明确企业战略目标。规划工作必须针对组织的总的战略目标，这是战略管理的首要基本任务。

（2）识别影响这些战略目标的所有成功因素。可以使用树枝因果图，采用逐层分解的方法找出影响企业或管理信息系统目标的各种因素以及这些因素的子因素。图 3-4 所示为识别成功因素的树枝因果图。

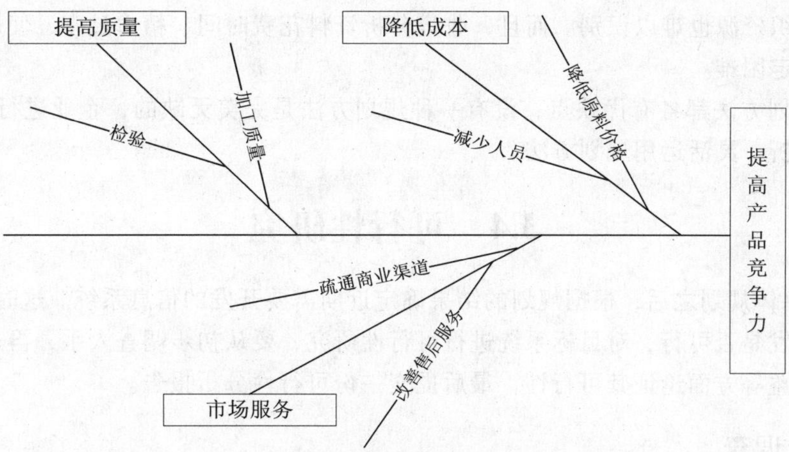

图 3-4　识别成功因素的树枝因果图

（3）确定关键成功因素。对于 CSF 而言，能够正确地确定关键成功因素是关键成功因素法成功的关键，在第二步识别出所有成功因素之后，需要讨论这些因素与目标之间的关系以便明确诸因素地位、作用的大小及相互关系，进而确定哪些因素应该合并，哪些应该忽略，经过筛选后保留那些确有关键作用的因素。

（4）明确各关键成功因素的性能指标及要求。在确定了关键成功因素以后，需要进一步对这些因素进行分析和评价，即确定性能指标和标准。在战略层次上，很多因素是定性的、笼统的。这给进一步的分析带来了一定的障碍和困扰，所以需要尽量对这些因素进行分析，尽可能地使之具体化。当某些性能指标无法定量时，分成若干等级或者作定性的判断。在确定了性能指标以后，还要确定期望的标准，如基础设施的水平应当达到什么程度、人员的培训工作应当达到什么水平等。

（5）确定信息系统体系架构。根据关键成功因素的性能指标及要求，包括决策和行为，确定影响这些决策和行为性能目标的关键数据，确定能够提供这些关键数据的信息系统体系结构。

关键成功因素法的优点是能够使所开发的系统具有很强的针对性，能够较快地取得收益。例如为企业的管理人员提供了一种关注核心信息需求的信息系统规划方法，企业可以集中有限的资源进行信息系统规划；与 BSP 法相比，CSF 方法比较简单，可操作性强。但是关键成功因素法也有很多问题，其一是由于在关键成功因素确定过程中，管理者的个人主观看法比较强，因此得到的信息系统规划的主观色彩较强，随意性较大。其二是当关键成功因素解决后，又会出现新的关键成功因素，就必须再重新开发系统。

3.3.3　两种规划方法的比较

关键成功因素法是一个帮助组织最高领导确定重要信息需求的高度有效的方法。它的主要思想是“抓主要矛盾”，使目标的识别突出重点。由于高层领导比较熟悉这种方法，所以使用这种方法所确定的目标，高层领导乐于努力去实现。

企业系统规划法虽然也首先强调目标，但它没有明显的目标引导过程，而是通过定义业务流程引出系统目标，可以定义出新系统以支持业务流程，即把企业目标转化为系统目标。也就是说，BSP 方法没有明显的目标引出过程。识别企业过程是 BSP 法的核心，但是绝不能把 BSP 法的中心内容当成 U/C 矩阵。然而，BSP 法并没有对于计划和控制给出有效的识别过程，对于综合性的公共组织资源也难以识别。而且，收集分析资料花费时间、精力过多，使用 U/C 矩阵结构分析也有一定困难。

这两种规划方法都各有优缺点，没有一种规划方法是完美无缺的，企业进行规划时应当具体问题具体分析，灵活运用规划方法。

3.4 可行性研究

在做完总体规划之后，根据规划的结果确定近期需要开发的信息系统。这时就要仔细分析信息系统的开发是否可行，对目标系统进行可行性研究，要从初步调查入手，再进一步从技术、经济和社会效益等方面论证其可行性，最后提交一份可行性分析报告。

3.4.1 初步调查

用户提供了管理信息系统的开发要求后，要调查一个企业的总貌以及对信息系统的需求，根据企业的具体情况确定用户的开发要求是否可行。初步调查阶段的主要目标就是从系统分析人员和管理人员的角度看新项目开发有无必要和可能。调查的范围大致包括如下几个方面。

1. 企业基本情况调查

企业基本情况包括企业的规模、性质、组织结构的性质、内部的组织结构，产、供、销的概貌，人员、设备与资金状况等。这些与系统开发可行性研究、系统开发初步建议方案以及进行详细调查直接相关，应该在初步调查中查清。

2. 现行系统运行状况调查

对现行系统不满意是企业要求开发新系统的原因之一。现行系统可以是以计算机为基础的信息系统，也可能是手工系统。在决定是否开发新系统之前，一定要了解现行系统的运行状况、特点、所存在的问题、可利用的各种资源、可利用的技术力量以及可利用的信息处理设备等。

3. 新系统的目的和要求

初步调查的第一步就要从用户对新系统的要求和提出新系统开发要求开始，调查用户对新系统的需求以及新系统预期达到的目的，包括对新系统的功能、性能的要求以及新系统的运行环境、限制条件等。

4. 管理方式和基础数据管理状况

企业现有的管理方式和基础数据管理状况是整个系统调查工作的重点，它与将要开发的系统密切相关。但是，在初步调查阶段我们只需要对这些进行大致的了解，并定性了解对今后系统开发是否能够提供支持即可。

3.4.2 可行性分析的内容

可行性研究就是在系统初步调查的基础上，对新系统是否能够实现和值得实现等问题作出判断，主要从技术、经济和社会因素等方面研究并论证本项目的可行性，编写可行性分析报告。

1. 技术上的可行性

首先，分析所提出的要求在现有技术条件下是否有可能实现以及所需要的物理资源是否具备，例如，软硬件配置是否达到系统目标要求，能否满足系统在管理模型、处理精度、存储能力、通信能力等方面的要求等。特别注意，现有技术条件下是指社会上已经普遍使用了的技术，而不应该将尚在实验室和尚不确定的管理方法作为分析的依据。除此之外，还要考虑开发人员的技术水平是否满足系统建设的需要，因为管理信息系统属于知识密集型工作，因此对技术的要求较高，如果缺乏足够的技术力量，或者单纯依靠外部力量进行开发，是很难成功的。

2．经济上的可行性

它包括对项目所需费用的结算和对项目效益的估算，这一点是非常重要的。新系统的费用包括系统软硬件费、辅助设备费、机房及附属设施费用、系统开发和维护费用、人员培训费、其他（差旅等）费用。新系统的效益则应从两个方面综合考虑：一部分是可以用钱衡量的效益，如减少人员费用、加快流动资金周转、减少资金积压等；另一部分是难以用钱表示的，例如提供了以前提供不了的统计报表和分析报告，提高取得信息的速度等。根据估算的直接效益和各种间接效益，评价新系统经济上的可行性。通常在估算费用的过程中容易（故意）估计过低，而估算项目效益的过程中常常把收益估计过高。

3．社会因素方面的可行性

除了技术、经济外，还要考虑系统本身所处的其他社会因素。比如，与项目有直接关系的管理人员对新系统的态度，如果管理人员不支持甚至有抵触态度，那说明条件还不成熟，不能进行新系统的开发。又如，新系统的开发必然会引起组织结构和管理体制的变化，组织是否已经做好迎接变革的准备。再如，某些工作环节的工作人员水平和能力是否能够满足新系统的需要。所有这些因素均必须考虑在内，有时候，因为社会因素而带来的风险远远大于技术和经济上的风险。

可行性研究的时间取决于系统的规模，一般为几周到数月。经费为整个项目的 5%~10%。大型项目可能要开发原型，并根据原型进行可行性研究。

3.4.3　可行性分析报告

根据初步调查了解的情况，系统分析员对建立管理信息系统的必要性和可能性进行全面地分析，将分析的结果以书面形式表达出来，这就是可行性分析报告。

可行性分析报告目前尚无统一的格式，一般内容有以下几点。

（1）引言。说明系统的名称、系统目标和系统功能、项目的由来。

（2）系统建设的背景、必要性和意义。报告要用较大的篇幅说明总体规划调查、汇总的全过程，要使人相信调查是真实的，汇总是有根据的，规划是可信的。

（3）拟建系统的候选方案。这部分要提出信息系统的逻辑配置方案，可以提出一个主要方案及几个辅助方案。

（4）可行性论证。从技术、经济、社会因素三个方面对规划进行论证。

（5）几个方案的比较。若结论认为是可行的，则给出系统开发的计划，包括各阶段人力、资金、设备的需求及开发进度。

可行性分析报告需要提交到正式会议上进行认真讨论和审查，可行性分析的结论可能是立即开发、改进原系统、目前不可行或推迟到某些条件具备以后再进行开发三种情形之一。

可行性分析报告要尽量取得有关管理人员的一致同意，并经主管领导批准，才可付诸实施。同时，也意味着系统规划阶段的结束，开始进入系统分析阶段。

【案例分析】

青岛钢铁集团公司（以下简称青钢）杨总经理上任后发现，青钢在信息管理手段上较为落后，所有信息管理方面的工作极大部分都手工进行。即便是有些单项业务使用了计算机，如生产经营日报的汇总打印，也极具形式化的特征（例如，生产经营日报的汇总打印实际上是管理人员手工将经营日报的各项数据计算出来后再录入计算机并打印出来而已）。杨总与高层领导们商量以后，决定拨出相应经费建立企业管理信息系统。

杨总指派有很高协调能力的宣传部部长傅希岭组织协调这项工作。傅部长接手这项任务后第一件事就是组建青钢信息中心，并亲自担任信息中心主任。组建的信息中心除傅部长外，还有一位懂技术且原则性很强、能全身心投入的马副主任，熟悉计算机硬件及系统软件的小范及其同事们，共10人左右。

傅部长及马副主任接手这项工作以后，找到了北京科技大学管理学院的李教授，通过向李教授咨询，决定：为了使企业中上层领导对企业管理自动化有一个知识性的了解并配合企业管理信息系统的开发工作，傅部长请示杨总后邀请李教授及其他北科大相关专家在青钢举办了针对处级以上领导的企业管理及其信息化的培训班。

这之后，李教授组织北科大管理学院及信息工程学院管理信息系统方面的专家到青钢搜集青钢相关资料，了解目前的业务情况，并分别与各部门的主要管理人员面谈，以了解青钢管理信息系统的需求范围与内容。

几周后，李教授及各位专家根据收集来的资料及对其他企业的管理信息系统的了解（这之前青钢信息中心马副主任带领其中心成员曾到已有管理信息系统的企业进行过参观考察），列出了青钢管理信息系统的主要功能需求及信息需求，并应用一些方法对各项功能进行了整理分析，得到了青钢管理信息系统的总体功能结构，并据此与计算机及网络公司初步进行了经费估算，规划了人力分配、进度计划。最后经杨总同意，决定将整个系统的建设分为三期工程来完成。第一期工程开发建设物资管理、销售管理、技术管理、生产计划管理、生产调度、财务管理及总经理综合信息服务等7个子系统。李教授的课题组通过几周的工作写出了《青钢管理信息系统可行性研究报告》。

青钢随后组织了一次研讨会，由李教授及其他专家向青钢的各级主管领导和外请专家对青钢管理信息系统的系统规划工作，作了一个详细的报告。外请专家及青钢各级领导确认了报告的内容并对一些问题提出了修改意见与建议。

随后杨总指派青钢信息中心与北京科技大学课题组就经费与完成时间进行了谈判，最后双方同意以三百五十万元的经费及一年半的时间完成这个系统的第一期工程并签署了合作协议。

这之后在李教授的组织下，组成了由北科大专家和青钢信息中心工作人员组成的联合项目组，开始进入了青钢管理信息系统建设的第二阶段——系统分析阶段。

（资料来源：http://down.manaren.com）

案例思考题

结合所学的知识，回答为了完成系统规划阶段的任务，需要进行哪些工作？

【本章小结】

MIS 战略规划是一个企业的战略规划的重要组成部分，是关于管理信息系统长远发展的规划。战略规划的时机既不能太早也不能太晚，战略规划的主要任务是制定管理信息系统的发展战略，确定管理信息系统的总体方案，安排项目开发计划，分析管理信息系统开发的可行性，并且制订系统建设的资源分配计划。

诺兰阶段模型描述信息系统发展经历的阶段，主要有初装、蔓延、控制、集成、数据管理和成熟六个阶段。总体规划的时机可选择在控制或集成阶段。

管理信息系统的总体规划方法有多种，本书主要介绍企业系统规划法（BSP 法）和关键成功因素法（CSF 法）。BSP 法从描述企业战略目标入手，逐步将企业目标转化为管理信息系统的目标和结构，从企业最基本的活动过程出发，进行数据分析，分析决策所需数据，定义支持企业过程的数据类，这些数据类可以用于开发信息系统的数据库，然后自下而上设计系统，以支持系统目标的实现。BSP 法是一种综合了 top-down 策略和 bottom-up 策略的信息系统规划方法。CSF 方法的核心思想是采用围绕关键成功因素的方式来制定组织的信息系统规划。这两种规划方法都各有优缺点，没有一种规划方法是完美无缺的，企业进行规划时应当具体问题具体分析，灵活运用规划方法。

可行性研究就是在系统初步调查的基础上，对新系统是否能够实现和值得实现等问题作出判断，主要从技术、经济和社会因素等方面研究并论证本项目的可行性，编写可行性分析报告。

【关键术语】

管理信息系统战略规划　　诺兰阶段模型　　企业系统规划法　　关键成功因素法　　可行性研究

复习思考题

1. 诺兰阶段模型共分为几个阶段？每个阶段都具有哪些特点？
2. 为什么要进行 MIS 战略规划？MIS 战略规划的任务是什么？
3. 管理信息系统战略规划的组织包括哪些？
4. 试述 BSP 法的工作步骤以及作用。
5. 试述 CSF 法的实施步骤。
6. 分析比较 BSP 法和 CSF 法这两种规划方法。
7. 简述可行性分析的内容。

第4章 管理信息系统开发

【学习目标】

- 了解系统开发的任务和原则
- 掌握管理信息系统的开发方法
- 掌握管理信息系统的开发方式
- 掌握信息系统分析的主要工具
- 了解系统设计的任务和原则
- 掌握代码设计
- 了解管理信息系统实施的内容
- 掌握信息系统切换方式

管理信息系统开发的目标是根据系统规划所确定的总体结构方案和项目开发计划，把拟定的项目计划转化成可以运行的实际系统。信息系统项目建设有不同的开发方法、策略和方式，按照结构化系统开发方法，管理信息系统开发过程分为系统分析、系统设计和系统实施三个阶段。

4.1 系统开发的任务和原则

管理信息系统的开发是一个复杂的过程，涉及面广，耗资巨大，历时比较长，因此成功率不高。究其原因是多方面的，其中一个原因可能是开发人员对管理信息系统开发的任务、特点及原则等理解得不够深刻和全面。

4.1.1 系统开发的任务

信息系统开发是根据企业管理的战略目标、规模、性质等具体情况，运用系统工程的方法，为企业建立起一套以计算机为基础的软硬件结合的管理信息系统。比如，制造型企业需要根据市场的要求安排生产和作业计划，为了满足生产的需要需进行物料的采购、库存管理、设备和人员的管理、组织产品销售等，信息系统的建设需要围绕这条主线进行。如果是商业，企业需要围绕管理商品的进销存过程建立信息系统。

信息系统开发的任务主要是软件的开发，除此之外还包括很多基础性建设，要根据软件开发的要求，进行计算机软硬件的购置、网络系统的设计、物理场所的准备以及相关的管理环境的配套等多方面的工作。显然，软件的开发是信息系统开发中处于核心地位的工作。信息系统开发工作要取得成功，必须从企业的实际需求出发，选择最为经济、有效的方式建立信息系统；同时，在具体的信息系统开发过程中，应注意从系统整体出发，运用结构化、系统化的方法指导整个管理信息系统开发的全过程。

4.1.2 系统开发的原则

信息系统的开发是一项复杂的系统工程，系统开发的技术要求高、内容复杂、目标多样，投入资金大且开发周期长。针对管理信息系统开发的任务和特点，在开发过程中应遵循以下原则。

（1）"一把手"原则。"一把手"泛指企业部门的厂长、经理、书记等。"一把手"亲自参与和拍板是管理信息系统开发成功的关键。原因在于，首先"一把手"最清楚自己组织存在的问题，最能合理地确定系统目标；其次，"一把手"拥有人、财、物的指挥权和决策权，能够合理地确定投资、调整机构、确定计算机平台等；最后，管理信息系统开发的过程必然要涉及到组织结构的调整和业务流程的再设计，会涉及到工作关系的重新组合、人事变动等，在开发过程中会受到既得利益者的阻力，因此也需要"一把手"运用自己的权力和权威去解决。

（2）面向用户原则。信息系统是为用户开发的，最终是要交给用户使用的，只有用户通过运行才能对系统作出客观的评价。因为系统开发人员和用户所处的角度不同，他们对系统关注的侧重点也不同。系统开发人员注重的是计算机使用效率而不是用户使用效率，虽然这两种效率有着密切联系，但也存在差别。因此从系统的总体方案规划设计到系统开发过程中的每一个环节，都必须坚持一切为了用户、一切服务于用户的观点，这是信息系统开发的首要前提。

（3）阶段性原则。阶段性原则是指系统的开发要严格地按照系统开发工作阶段的步骤来进行。每一个阶段都应该制定各自的目标、任务和进度计划。每一个阶段的工作完成情况和取得的阶段性成果，都必须建立详细的文档资料，并通过开发领导小组或技术负责人的审核、鉴定后方可转入下一阶段的工作。

（4）适用性和先进性原则。在近几年管理信息系统开发实践中，有些企业盲目追求技术的先进性而采取不成熟的技术，从而出现系统不稳定、不可靠甚至是无法运行的情况；而有些企业在开发过程中采用过分落后的技术，造成系统功能弱、性能差，不能满足用户需求。鉴于这一实际情况，在管理信息系统开发过程中应注重适用性和先进性相结合，在管理信息系统的开发中应该遵循既把实用性放在第一位，满足现行管理的实际需求，尽快解决管理工作中的实际问题，又要突出系统在技术上、管理上的先进性，开发出功能全、起点高的系统。

（5）系统工程原则。系统工程是从系统的整体出发，为了合理、经济、有效地达到系统的目标而运用的思想、程序、组织、方法的总称。必须运用系统工程的方法，使得系统开发在系统目标的确立、系统功能的设计、系统实施中的资源配置以及系统的运行维护等工作都得到一个通盘的考虑，使得系统开发工作有序进行，并达到整体最优的效果。

（6）四统一原则。信息系统开发的四统一原则是指"统一领导、统一规划、统一目标、统一软硬件环境"。这个原则是信息系统开发人员和管理人员共同遵守的准则。它对加强系统过程的管理与控制、提高系统开发的质量和水平、缩短开发时间、减少开发费用、方便系统的管理与维护等，都将起到重要的指导作用。

4.2 管理信息系统的开发方法

在系统开发过程中，选择开发策略时，应采取“总体规划，分期实施，逐步投资，逐步见效”的原则。具体的开发策略主要有两种。

（1）“自下而上”的开发策略。“自下而上”的开发是从各个基层业务子系统（如物资供应、财务管理、生产管理等）的日常业务处理开始进行分析和设计。完成下层子系统的分析和设计后，再进行上一层子系统的分析和设计。实现一个个具体的功能后，逐步地由低级到高级建立管理信息系统。这种方法边实施边见效，容易开发，可以避免大规模系统可能出现运行不协调的危险；但由于在实施具体子系统时，不能像想象的那样完全周密，难以从整个系统出发考虑问题，易导致功能和数据的重复和不一致，随着系统的进展，往往要作许多重大修改，甚至重新规划、设计。

（2）“自上而下”的开发策略。“自上而下”的开发是从企业高层管理入手，强调从整体上协调和规划，由全面到局部，由长远到近期，从探索合理的信息流出发来设计信息系统。它首先考虑企业的总体目标、总功能，划分子系统，然后进行各子系统的具体分析与设计。这种开发策略具有系统性、逻辑性强的优点；缺点是对制定较大的系统来说，由于工作量大而影响具体细节，系统开发费用大。“自上而下”是一种更重要的策略，是信息系统的发展走向集成和成熟的要求。

在实际应用中一般是将两种策略相结合，即“自上而下”规划、分析、设计，“自下而上”实施。

在系统开发中，开发方法的选择也是很重要的。20 世纪 70 年代提出了“生命周期法”，后来对结构化方法和原型法的形成产生了重要影响。结构化方法是生命周期法的延伸和扩展，而原型法是结构化方法的补充和发展。由于生命周期法较好地对开发过程进行了定义，大大改善了开发过程，因此生命周期法仍然是最常用的一种方法。

4.2.1 管理信息系统的生命周期

任何事物都有其产生、成长、成熟、衰退，直至被淘汰的过程，这个过程称为事物的生命周期。管理信息系统也不例外，其生命周期包括系统规划阶段、系统分析阶段、系统设计阶段、系统实施阶段和系统运行维护阶段。在系统运行过程中，系统会不断衰退（由于软件功能无法适应环境变化和用户需求变化），为了延长其寿命，需要不断维护，直至被新系统所取代，旧系统彻底退出，其生命周期宣告结束。而新系统也将经历同样的过程。管理信息系统的生命周期模型如图 4–1 所示，由于各个阶段首尾相连，形如一个瀑布，也称瀑布模型。

（1）系统规划阶段。系统规划的主要任务是对系统做全面长远的考虑，对企业概况及现行系统的状况进行初步调查，提出拟建系统的备选方案，并对备选方案进行可行性分析，写出可行性报告。

（2）系统分析阶段。系统分析阶段的主要任务是解决系统“做什么”的问题。在系统规划指导下，对现行系统进行详细调查，提出新系统的逻辑模型。

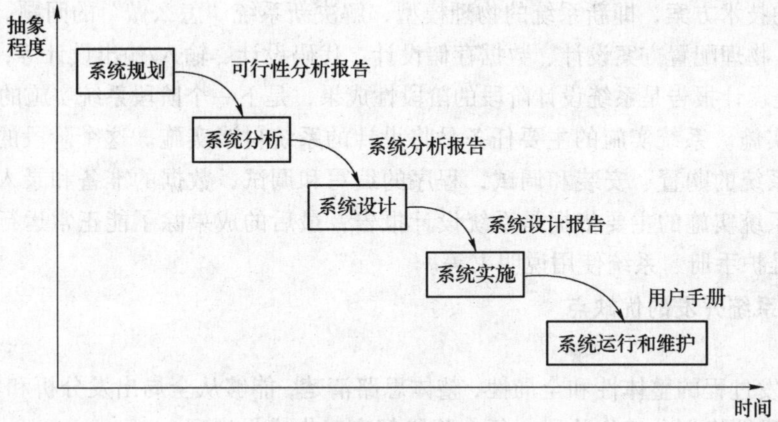

图 4–1　管理信息系统的生命周期模型

（3）系统设计阶段。系统设计阶段的主要任务是解决系统“怎么做”的问题。根据系统分析阶段确定的方案，设计新系统的物理模型。

（4）系统实施阶段。系统实施阶段主要进行系统的具体实施，包括设备购置、安装和调试，程序编制，系统调试与转换以及人员的培训等。

（5）系统运行维护阶段。系统运行维护阶段的主要任务是对现行系统进行维护和质量效益评价。系统生命周期法为系统的开发提供了宏观的框架指导。在长期的软件开发实践中，人们总结了很多优秀的软件开发方法，下面介绍常见的几种开发方法。

4.2.2　结构化系统开发方法

结构化系统开发方法是目前应用最为普遍的一种开发方法，是在信息系统生命周期模型的基础上发展起来的。在 20 世纪 70~80 年代，该类方法非常盛行，在信息系统的开发上取得了较好的效果。该方法强调从系统的角度出发来分析问题和解决问题，面对要开发的系统，从层次的角度，自顶向下地分析和设计系统，认为任何系统都有一个从发生、发展到消亡的生命周期，新系统是旧系统的继续。开发过程强调严格的规范管理，工作文档要成文、要标准。目前，该类方法仍不失为一种有效的信息系统开发方法。

结构化系统开发方法的基本思想是用系统的思想和系统工程的方法，按照用户至上的原则，结构化、模块化、自顶向下地进行系统分析和设计，然后自下而上地进行系统实施，从而构成整个系统。

1. 结构化系统开发方法的三个阶段

（1）系统分析。系统分析是结构化系统开发方法的一个重要阶段。系统分析以系统规划中提出的目标为出发点，首先进行详细的系统调查，包括组织机构、管理功能、业务流程以及数据流程调查，详细了解原系统存在的问题，然后进行系统化分析，与用户协商确定新系统的功能需求和性能需求，建立信息系统的逻辑模型，最后编写系统分析报告。系统分析报告是系统开发过程中最重要的开发文档之一，主要描述新系统的逻辑模型，解决新系统“做什么”的问题，是下一个阶段系统设计阶段的工作依据，又是新系统最后的验收依据。系统分析报告由系统分析人员编写，经有关人员审查批准之后，开发过程进入下一个阶段。

（2）系统设计。系统设计的主要任务是根据新系统的逻辑模型进行物理模型设计，详细设计出系统实现的技术方案，即新系统的物理模型，解决新系统“怎么做”的问题。系统设计包括总体结构设计、物理配置方案设计、数据存储设计、代码设计、输入/输出设计等，最后编写系统设计报告。系统设计报告是系统设计阶段的阶段性成果，是下一个阶段系统实施的工作依据。

（3）系统实施。系统实施的主要任务是将设计的系统付诸实施。这个阶段的主要任务包括计算机及网络系统的购置、安装和调试，程序的编写和调试，数据的准备和录入，人员培训与系统转换等。系统实施的主要依据是系统设计报告，最后的成果除了能正常运行的系统之外，还应包括系统维护手册、系统使用说明书等。

2. 结构化系统开发的优缺点

（1）优点。

① 注重开发过程的整体性和全局性，整体思路清楚，能够从全局出发分析和设计整个系统。

② 开发过程严格划分工作阶段，每个阶段都有工作成果出现。

③ 前一个阶段的工作成果是下一个阶段的工作依据，工作进度比较容易把握，有利于系统开发的总体管理和控制。

④ 由于该方法从整体上详细地进行系统分析，可以诊断出原系统中存在的问题和结构上的缺陷。

（2）缺点。

① 预先定义用户所有需求。这种方法要求系统开发者在调查中就充分地掌握用户需求、管理状况以及预见可能发生的变化，这不大符合人们循序渐进地认识事物的规律性，因此在实际工作中实施有一定的困难。

② 开发过程烦琐，周期长。结构化系统开发方法要求必须按顺序一个阶段、一个阶段地进行开发，并且每个阶段都有大量的文档和图表，这些都会造成开发周期过长。

③ 灵活性差。由于开发周期太长，有时系统开发尚未完成，而内外部环境已经发生变化，因此系统灵活性比较差，很难适用于运行环境经常变化的信息系统的开发。

3. 结构化系统开发方法的适用场合

结构化系统开发方法适用于一些组织机构相对稳定、业务处理过程规范、需求明确且在一定时期内不会发生大的变化的大型信息系统的开发，特别适合于有较好的信息系统基础的企业。

4.2.3 原型法

原型法（Prototyping）是与结构化系统开发方法完全不同的开发方法。它是20世纪80年代随着计算机技术的发展，特别是在关系数据库系统、第四代程序语言的基础上发展起来的一种系统开发方法。原型法扬弃了对现行系统的全面、系统的详细调查与分析，而是根据系统开发人员对用户需求的理解，在强有力的软件环境支持下，快速开发出一个原型系统，提供给用户，与用户一起反复协商修改，直至实现新系统。其系统开发是一个分析、设计、编程、运行、评价多次重复、不断演进的过程。因此原型法一经问世，立即得到广泛的重视，迅速得以推广。

1. 原型法的开发步骤

原型是新系统的一个“样品”，一个早期可运行版本，它能反映新系统的部分重要功能和特征。原型法突出一个“快”字，要求开发人员在初步了解用户需求的基础上，迅速开发出一个能够运行的原型，交给用户使用并作出评价，然后和用户一起反复修改，直到用户满意为止。原型法的开发阶段如图4-2所示。

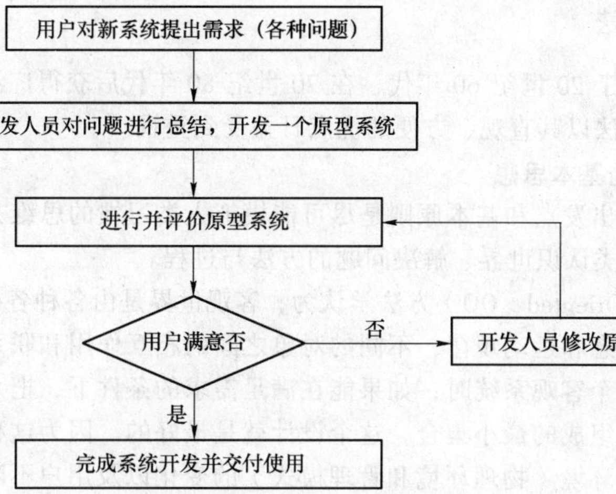

图 4-2　原型法开发过程

2．原型法的优缺点

（1）优点。

① 开发周期短，开发费用少。原型法利用最新的软件工具能快速生成原型，并且可以减少了大量制作文档的时间，所以开发时间短，费用相对较少。

② 改进了用户和系统开发人员的信息交流方式。原型法将一个实际的、活生生的系统原型提供给用户，用户通过使用来了解系统和纠正偏差，要比说明性的材料生动实际得多。

③ 用户满意度高，开发风险降低。原型法强调用户的参与，特别是对原型的描述和系统运行功能的检验，都强调用户的主导作用，用户的满意度自然会提高。用户对系统满意、与开发人员意见一致时，才能继续开发最终系统，所以也会降低开发风险。

④ 应变能力强。原型法在迭代中完善，信息技术的进步、企业经营环境的变化，都能及时地体现在系统中，这就使得所开发的系统能及时适应迅速变化的环境。

（2）缺点。

① 对开发环境和开发工具的要求较高。原型法要求开发过程能够快速模型化、快速地进行修改，为此必须借助于快速生成工具的支持，才能快速生成原型。

② 对大型系统或复杂性较高的系统不适用。原型法缺乏对整个系统的全面认识，系统分析比较粗略。对于大型的、复杂的系统，如果不经过系统分析来进行整体性划分，想要直接用屏幕来一个一个模拟是很困难的。

③ 对用户的管理水平要求高。如果企业原基础管理不善，信息处理过程混乱，构造原型有一定困难；其次是由于基础管理不好，没有科学合理的方法可依，系统开发容易走上模拟手工系统的轨道。

3．原型法的适用场合

① 对于那些比较新的管理业务或开放型的小系统，如企业信用评估、经济预测、各种决策支持系统等，一般适合采用原型法进行系统开发。

② 与结构化系统开发方法结合起来使用。整体上仍使用结构化系统开发方法，原型法仅代替生命周期法的某一个或几个阶段。由于原型法对问题的定义使用的是启发方式，因而被认为是确定需求的良好策略，所以原型法一般应用在系统分析阶段是比较恰当的。

4.2.4 面向对象方法

面向对象方法产生于 20 世纪 60 年代，在 20 世纪 80 年代后获得广泛应用。随着应用系统日趋复杂、庞大，该方法以其直观、方便的优点日益受到重视。

1. 面向对象方法的基本思想

面向对象方法学的出发点和基本原则是尽可能模拟人类习惯的思维方式，使开发软件的方法与过程尽可能接近人类认识世界、解决问题的方法与过程。

面向对象（Object Oriented，OO）方法学认为，客观世界是由各种各样的对象组成的，每种对象都有各自的内部状态和运动规律，不同的对象之间的相互作用和联系就构成了各种不同的系统。当设计和实现一个客观系统时，如果能在满足需求的条件下，把系统设计成由一些不可变的（相对固定）部分组成的最小集合，这个设计就是最好的。因为这种设计把握了事物的本质，因而不再会被周围环境（物理环境和管理模式）的变化以及用户不断的需求变化所左右，而这些不可变的部分就是所谓的对象。

面向对象方法使设计的软件尽可能直接地描述现实世界，构造模块化、可重用、维护性好的软件且能控制软件的复杂性和降低开发费用。

2. 面向对象方法的特点

面向对象方法是以对象为中心的一种开发方法，具有下述四个特点。

（1）封装性。在面向对象方法中，程序和数据封装在一起，对象作为一个实体，从外部可以了解它的功能，但是其内部细节是被“隐藏”和不受外界干扰的，对象之间的相互依赖性很小。封装性是一种信息隐蔽技术，是面向对象方法的基础。

（2）抽象性。在面向对象方法中，把抽出实体的本质和内在属性而忽略一些无关紧要的属性称为抽象。这样，我们可以把所有对象都抽象成各种对象类（简称为类（Class））。类是抽象的产物，对象是类的一个实例。同类中的对象具有类中规定的属性和行为。例如，荧光屏上不同位置显示的半径不同的几个圆，都是 Circle 类的不同对象，这些对象都具有 Circle 类中规定的属性和行为。

（3）继承性。继承性是指子类拥有父类的属性和操作。类可以派生出子类，子类不必重新定义已在父类中定义过的属性和操作，而是自动地、隐含地拥有父类的属性和操作。按照子类与父类的关系，可以把若干个对象类组成一个层次结构的系统，通过继承大大提高软件的可重用性。

（4）动态链接性。动态链接性是指各种对象之间统一、方便、动态的消息传递机制。

3. 面向对象方法的优缺点

面向对象方法更接近于现实世界，可以很好地限制由于不同的人对系统的不同理解所造成的偏差；以对象为中心，利用特定的软件工具直接完成从对象客体的描述到软件结构间的转换，解决了从分析和设计到软件模块结构之间多次转换的繁杂过程，缩短了开发周期，是一种很有发展潜力的系统开发方法。

但是，面向对象方法需要一定的软件基础支持才可以应用，并且在大型管理信息系统开发中不进行自顶向下的整体划分，而直接采用自底向上的开发，很难得出系统的全貌，会造成系统结构不合理、各部分关系失调等问题。

4.2.5 各种开发方法的比较

首先，如果系统开发人员能作出准确、完整、严格的需求分析时，则建议采用传统的结构化系统开发方法。但是由于这种方法采用功能分解、瀑布模型的方法，在完成了功能需求定义后，系统分析员就算完成了任务，交给后续人员去工作；后续人员以完成功能为主要目标，往往使得各功能模块之间联系复杂，且最终实现模型与人工系统模型在结构上有很大差别，不利于理解和维护。这样，系统开发周期就比较长，开发效率很低，按目前国内开发效率统计，企业开发一个完整的信息系统常常需要两年多时间，然而经验表明，一个系统的开发时间如果超过半年，其应用效果就要打折扣了。

其次，如果对于需求具有很大的模糊性，可以采用原型法。用户和开发人员随着对系统理解的加深，会不断地对这组模糊的需求进行补充和细化，因而系统的需求分析设计是在逐步发展过程中进行的。但是原型法的原型是局部的，这样就难以符合管理信息系统的整体特性；此外，对于基础管理不够完善的企业，系统建设容易走上机械地模拟原来手工系统的轨道，这样就不能体现管理信息系统改进企业管理的特性。

最后，如果针对开发时效性问题，可以采用面向对象方法。它以对象为基础，利用特定的软件工具直接完成从对象的客观描述到软件结构之间的转换，这是面向对象方法最主要的特点和成就，它使系统的重用性好。但是这种方法也需要一定的软件工具支持才可以应用，另外在大型的管理信息系统建设中如果不经自顶向下地整体划分，而是一开始就自底向上地采用面向对象方法开发系统，同样也会造成管理信息系统整体结构差的结果。

综上所述，只有结构化开发方法是相对实用并较全面地支持整个系统的开发方法。其他方法尽管有许多优点，但或不成熟或只能作为结构化开发方法在局部开发环节的补充，暂时不能替代其在管理信息系统开发过程中的主导地位。

4.3　管理信息系统的开发方式

管理信息系统的开发方式主要有自主开发、委托开发、合作开发和购买现成商品软件等几种方式。这些开发方式有各自的优点和不足，具体需要选择哪种开发方式，需要根据使用单位的技术力量、资金情况、外部环境等各种因素进行综合考虑和选择。不管选择哪种开发方式都需要使用单位的领导和业务人员的参与，并在系统整个开发过程培养锻炼出自己的开发人员队伍。

4.3.1　自主开发方式

自主开发是由用户根据自己的力量独立完成系统开发的各项任务。通过自行开发可以降低开发费用，容易得到适合本单位需要的、满意的系统；同时，在系统开发过程中还可以培养自己的技术力量。缺点是由于开发队伍不专业，缺少经验，还容易受业务工作的限制，所以开发周期往往较长，开发水平较低。

自主开发适合于有较强的管理信息系统分析与设计队伍和程序设计人员、系统维护使用队伍的组织和单位，如高等院校、研究所、计算机公司等单位。采用自主开发方式时需要强有力的领导，有足够的技术力量，需进行一定的调研，必要时可以向专业开发人士或公司进行技术咨询。

4.3.2　委托开发方式

使用单位通常委托有丰富开发经验的机构或专业开发人员，按照用户的需求承担系统开发的全部任务。从用户角度来讲委托开发是最省事的一种开发方式，但必须配备精通业务的管理人员参加，经常检查和督促。这种开发方式的优点是省时、省事，开发的系统技术水平较高。缺点是一般费用高、系统维护困难，需要开发单位的长期支持。

委托开发方式适合于使用单位无管理信息系统分析、设计及软件开发人员或开发队伍力量较弱、但资金较为充足的组织和单位。采用这种方式尤其需要注意的是一定要派出使用单位的业务骨干参与系统的论证工作，开发过程中需要开发单位和使用单位双方及时沟通，进行协调和检查。

4.3.3 合作开发方式

由使用单位和有丰富开发经验的机构或专业开发人员共同完成开发任务，实际上是一种半委托的开发方式。合作开发方式的优点是相对于委托开发方式来说比较节约资金，可以培养、增强使用单位的技术力量，便于系统维护工作，系统的技术水平较高。缺点是双方在合作中沟通易出现问题，需要双方及时达成共识，精密协作和配合，不断进行协调和检查。

合作开发方式适合于使用单位有一定的管理信息系统分析、设计及软件开发人员，但开发队伍力量较弱，希望通过管理信息系统的开发完善和提高自己的技术队伍，便于系统维护工作的单位。

4.3.4 购买现成的商品软件

商品软件指的是预先编制好的、能完成一定功能的、供出租或出售的成套软件系统。目前市场上商品软件种类繁多、大小不一、档次分明，并且都是经过规范研制、反复调试和广泛应用的，所以这些商品软件的性能大多都很稳定。该开发方式的优点是可加快信息系统的开发进度，缩短开发周期，节省开发费用，系统技术水平高。商品软件虽然有上面提到的诸多好处，但是通用软件专用性较差，跟本单位的实际工作需要可能有一定的差距，有时可能需要做二次开发工作；其次，规范化的商品软件对组织变革、流程改革有较大的推动力度，这为企业获得成功带来难度，并且具有一定的风险。

总之，不同的开发方式有不同的优点和缺点，需要根据使用单位的实际情况进行选择，也可以综合使用各种开发方式。比如，采用购买现成的商品软件方式的最大问题是每个组织个性要求难以满足，不能解决所有管理问题。可以采用购买现成的商品软件与专门开发并举的集成方式，购置管理过程较稳定、模式较统一的功能模块；专门开发稳定性差、个性化强的功能模块，两者有机结合，构成一个完整的信息系统。表 4–1 对上述四种开发方式做了简单的比较。

表 4-1　四种开发方式的比较

系统开发方式	对开发能力的要求	系统维护的难易	开发费用	说明
自行开发	非常需要	容易	少	开发时间较长，但可得到适合本单位的满意系统，并培养了自己的系统开发人员
委托开发	不太需要	相当困难	多	最省事、开发费用最多，必须配备精通业务的人员参加，并经常进行检查、监督和协调
合作开发	需要	比较容易	较少	较理想的方式，但必须注意搞好双方关系，大家都建立在真诚合作的基础上
购买现成的商品软件	不太需要	困难	较少	要有鉴别软件包功能与适应条件的能力，即使完全适合本单位的情况，仍需编制一定的接口软件

4.4　管理信息系统的系统分析

系统分析是开发管理信息系统的第一个阶段，也是决定管理信息系统开发成败的最重要阶段，主要解决信息系统“能做什么”的问题。系统分析的过程是一个由具体到抽象的过程，即对收集到的大量反映旧系统现状的材料进行分析归纳和提炼，最后抽象出反映系统功能的逻辑模型。

4.4.1　系统分析的任务

系统分析的任务：在充分认识原信息系统的基础上，完成新系统的逻辑模型设计，解决系统“做什么”的问题。系统分析在很大程度上决定了系统开发工作的成败。系统分析主要包括分析用户要求、现行系统的详细调查、组织结构和业务流程分析、系统数据流程分析、建立新系统的逻辑模型、提出系统分析报告等六大步骤。其工作流程如图 4-3 所示。

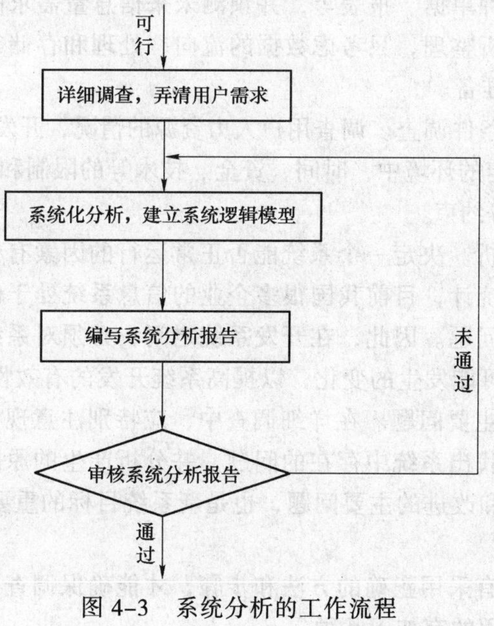

图 4-3　系统分析的工作流程

4.4.2　详细调查

详细调查是系统分析工作中最重要的环节之一。全面真实的调查是分析和设计的基础，也就是说详细调查的质量对于整个系统开发工作的成败来说是决定性的。同时，系统调查的工作量很大，所涉及的业务、人员、数据和信息都非常多，如何科学地组织和恰当地展开这项工作是非常重要的。

1．详细调查的任务

详细调查是为了完整掌握现行系统的现状，发现问题和薄弱环节，收集资料，为下一步的系统化分析和提出新系统的逻辑方案设计做好准备。详细调查和总体规划阶段的初步调查相比，在调查的目的、内容、深度上都有区别。

详细调查要目标明确，重视用户的参与，做到系统开发人员和管理人员互补不足，共同研究存在的问题和解决方案。调查中要注意灵活采用各种调查方法，本着真实、全面、规范的原则围绕系统的任务不断积累和分析有关资料，并利用各种系统分析技术和工具，把系统需求确切地描述出来。

2. 详细调查的内容

（1）组织机构和人员调查。调查的第一步就是了解组织的机构情况，除了组织机构的框架，还要了解各职能部门的职责、工作内容、内部分工、人员配备等情况。

（2）功能业务调查。通过对组织的功能业务进行调查，用功能层次图来描述从系统目标到各项功能的层次关系，据此能比较容易地分析原系统功能业务的不足，为提出新系统的功能需求作准备。

（3）业务流程调查。通过调查分析，系统分析员要全面了解整个业务流程，熟悉用户业务，掌握业务处理过程中的信息流向，明确系统的输入、输出和信息处理过程。

（4）数据与数据流程调查。了解系统各种输入数据的来源、形式、准确性、时效性和数量，以及处理过程中要求的各种单据、报表等，并预测未来信息量需求的发展趋势；对收集的数据和处理数据的过程进行分析整理，只考虑数据的流向、处理和存储等，并绘制原系统的数据流程图，为进一步的分析作准备。

（5）可用资源和限制条件调查。调查用户人力资源的情况，开发人员的水平和经验，物资、设备和资金情况以及在一定的环境中，时间、资金、技术等的限制和约束；另外，还要考虑国家的有关制度、政策、法规等约束。

（6）系统运营环境分析。决定一个系统能否正常运行的因素有很多，有些是系统本身的原因，有些是外部因素。据统计，目前我国很多企业的信息系统处于停滞状态的主要原因是系统对环境的适应性而非技术问题。因此，在开发系统之间，必须对系统的应用环境进行认真的调查和分析，充分考虑各种可能发生的变化，以提高系统开发的有效性。

（7）现行系统存在的主要问题。在详细调查中，应特别注意现行系统中存在的问题，收集用户的各种意见和要求，找出系统中存在的问题，并分析产生的原因。现行系统的各个薄弱环节正是目标系统中要解决和改进的主要问题，也是新系统目标的重要组成部分。

3. 详细调查的方法

在系统调查过程中只有采用正确的方法和步骤，才能确保调查工作的客观性和正确性。详细调查的方法有很多，常用的有如下几种。

（1）开座谈会。开座谈会是一种集中征集意见的方法，适合于对系统作定性调查。座谈会应根据系统开发的进程来确定座谈对象。系统开发之初，应召集企业的高层领导和各部门的主管，主要了解现行系统的总体状况以及对新系统的具体要求。随着调查的深入，应分部门座谈，以便了解各部门的业务流程及信息载体。

（2）走访面谈。开调查会由于时间限制等因素，不能完全反映参加者的意见，因此需在会后进行个别访问。另外，对于特殊问题、个别细节的调查也需要对有关人员作专题访问。

（3）问卷调查。把要调查的问题设计成调查问卷，让被调查者填写，从返回的问卷中获取所需要的信息。这种方式有很多优点，比如调查面广、善于保护个人的隐私、反馈迅速等，但是问卷调查也存在很多缺点，如返回数量低、不能把模糊的回答解释清楚等。

（4）直接参加业务实践。如果条件允许，直接参加业务实践是了解当前系统的最好方法。一方面，对于复杂的处理过程如能亲自参与，更容易发现问题。另一方面，在业务实践中，可以和用户广泛接触，开展交流，使开发人员和用户之间加深了解。

4.4.3　组织结构和业务流程分析

1．组织结构分析

组织结构分析通常是通过组织结构图来实现的，是将调查中所了解的组织结构具体地描绘在图上，作为后续分析和设计的参考。组织结构图是用图形的形式来描述组织的总体结构以及组织内部各部分之间的联系，能显示部门之间的隶属关系。根据组织结构图可以分析各部门间的内在联系，判断各部门的职能是否明确，是否真正发挥作用，组织横向、纵向结构是否合理等，找出存在的问题。根据计算机管理的要求，为决策者提供调整机构设置的参考意见。图 4-4 为组织结构图的实例。

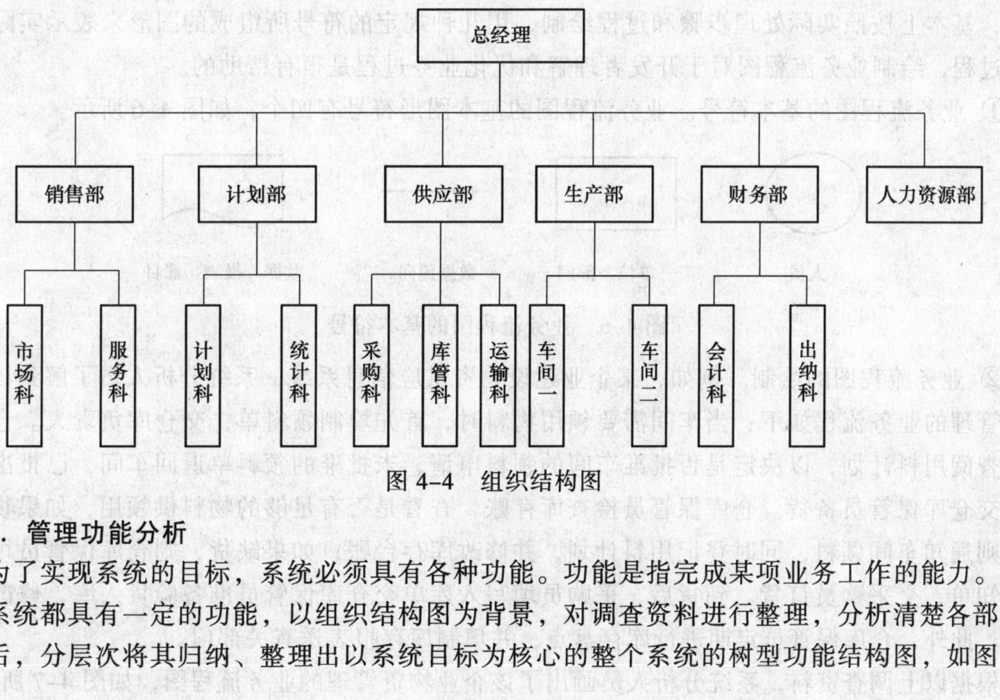

图 4-4　组织结构图

2．管理功能分析

为了实现系统的目标，系统必须具有各种功能。功能是指完成某项业务工作的能力。每个信息系统都具有一定的功能，以组织结构图为背景，对调查资料进行整理，分析清楚各部门的功能后，分层次将其归纳、整理出以系统目标为核心的整个系统的树型功能结构图，如图 4-5 所示。

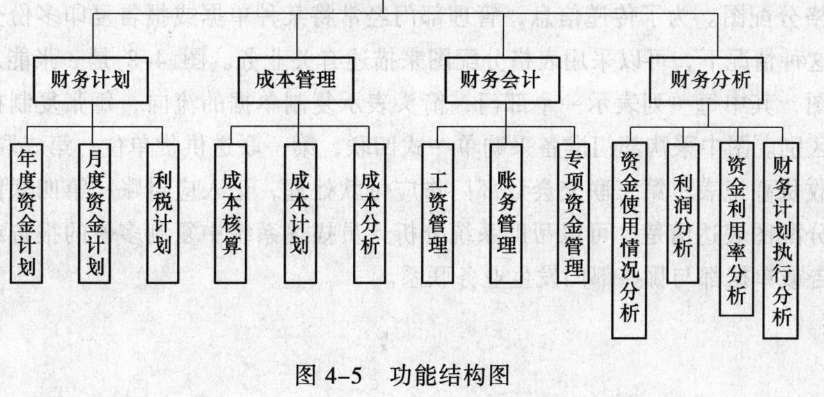

图 4-5　功能结构图

3．业务流程分析

在对系统的组织结构和管理功能进行分析后，需要从一个实际业务流程的角度将系统调查中有关业务流程的资料都整理出来。

业务流程分析的主要任务是分析各环节的管理业务活动，掌握管理业务内容、作用及信息的输入、输出，数据存储和信息的处理方法和过程，发现原系统流程的不合理部分，并提出优化方案。在此基础上，画出业务流程图。

（1）业务流程图。业务流程图（Transition Flow Diagram, TFD）是一种描述管理系统内各单位、人员之间业务关系、作业顺序和管理信息流向的图表，它用一些规定的符号及连线表示某个具体业务的处理过程，它可以帮助分析人员找出业务流程中的不合理流向。

业务流程图的绘制并无严格的规定，只需要简明扼要地反映出实际业务即可。在绘制的过程中，基本上按照实际处理步骤和过程绘制，用几种规定的符号所组成的图形来表示实际业务处理过程，绘制业务流程图对于开发者理解和优化业务过程是很有帮助的。

① 业务流程图的基本符号。业务流程图的基本图形符号有四个，如图 4-6 所示。

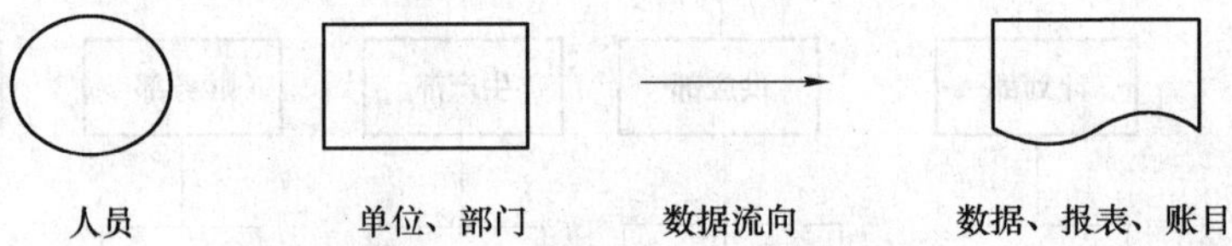

图 4-6　业务流程图的基本符号

② 业务流程图的绘制。例如，某企业建设物资供应信息系统，系统分析人员了解到该企业物料管理的业务流程如下：当车间需要领用物料时，首先填制领料单，交仓库负责人。仓库负责人查阅用料计划，以决定是否批准车间的领料申请，未批准的领料单退回车间，已批准的领料单交仓库保管员备货。仓库保管员检查库存账，查看是否有足够的物料供领用，如果物料足够，则通知车间领料，同时登记用料计划，并修改库存台账；如果缺货，则仓库保管员填写缺料通知单，交采购员订货。到货后，采购员填写入库单交仓库保管员准备验货入库，修改库存台账。此外，仓库保管员定期进行库存盘点，并填制库存报表送有关部门。

根据以上调查资料，系统分析人员画出了该企业物资管理的业务流程图，如图 4-7 所示。

业务流程图的优点是它的符号简单明了，所以非常易于阅读和理解业务流程，缺点对一些专业性较强的业务处理细节缺乏足够的表现手段。

（2）表格分配图。为了传递信息，管理部门经常将某种单据或报告复印多份分发到其他多个部门，在这种情况下，可以采用表格分配图来描述有关业务。图 4-8 是一张能反映采购过程的表格分配图，其中每一列表示一个部门，箭头表示复制单据的流向，每张复制报告上都标有号码，以示区别。图中采购部门准备采购单一式四联，第一联送供货单位；第二联送收货部门，用于登入待收货登记表；第三联交会计部门作应付款处理，记入应付账；第四联留在采购部门备查。表格分配图表达清楚，可以帮助系统分析人员描述系统中复制多份的报告或单据的数量以及这些报告或单据都与哪些部门发生业务联系。

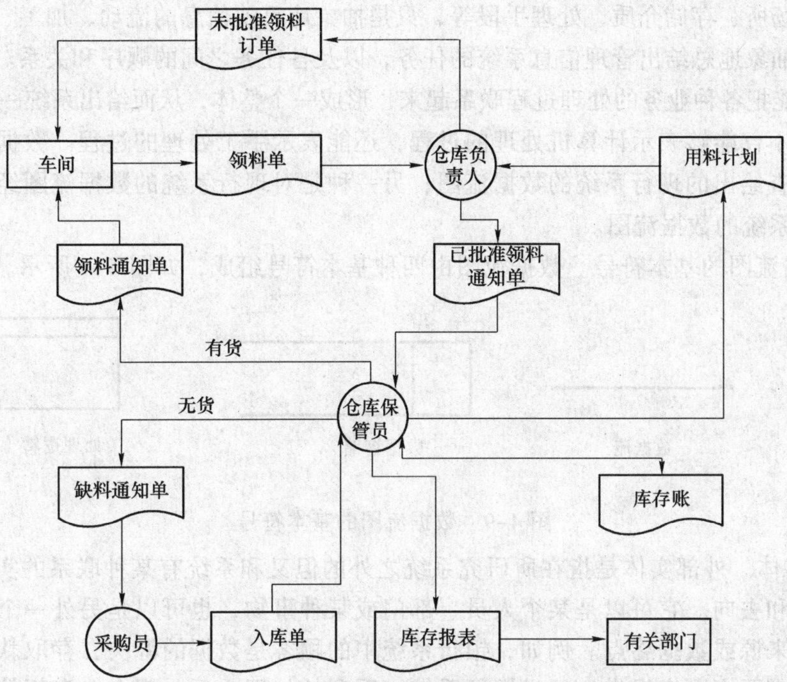

图 4-7 某企业物资业务流程图

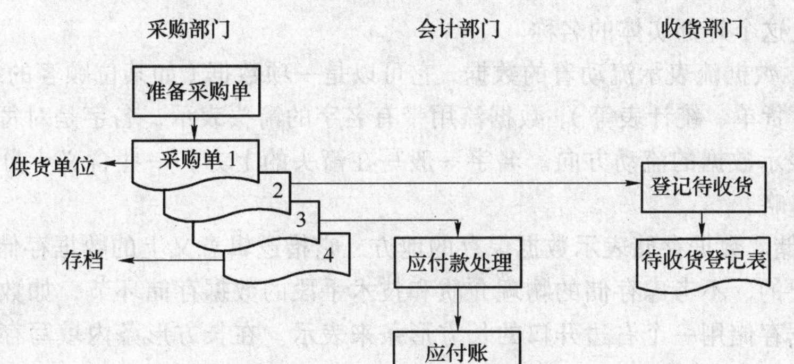

图 4-8 表格分配图

4.4.4 系统数据流程分析

数据流程分析是系统分析的核心和重点，它是从数据流动过程来考查实际业务的数据处理模式。系统流程分析主要包括对信息的流动、存储、处理等的分析，其目的是要发现数据流通中是否存在数据流程不畅、前后数据不匹配、数据处理过程不合理等问题，如果存在问题要尽量地暴露并加以解决。现有的数据流程分析多是通过分层的数据流图来实现的。

1. 数据流图

（1）数据流图的定义。数据流图（Data Flow Diagram，DFD）是进行数据流程分析的主要工具，也是描述系统逻辑模型的主要工具。数据流图用几种基本符号反映了信息在系统中的流动、存储和处理的情况。

（2）数据流图的特征。数据流图具有抽象性和概括性。抽象性是指不考虑具体的物理因素，如具体的物理场所、存储介质、处理手段等，只是抽象地反映信息的流动、加工、存储和使用情况，使人们能抽象地总结出管理信息系统的任务，以及各任务之间的顺序和关系。概括性是指通过数据的流动能把各种业务的处理过程联系起来，形成一个整体，从而给出系统一个全貌。

数据流图不仅能够表示计算机处理的过程，还能表示手工处理的过程。数据流图有两种，一种是通过调查绘出的现行系统的数据流图；另一种是对现行系统的数据流图经过系统化分析和改进后的新系统的数据流图。

（3）数据流图的基本符号。数据流图由四种基本符号组成，如图 4–9 所示。

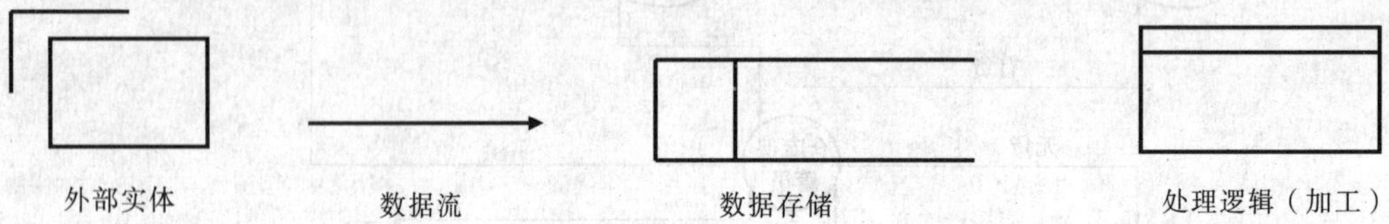

图 4–9　数据流图的基本符号

① 外部实体。外部实体是指在所研究系统之外的但又和系统有某种联系的实体，它表示数据的外部来源和去向。它可以是某个人员、部门或某种事物，也可以是另外一个信息系统，它是系统的数据来源或数据终点。例如，银行系统中的顾客是数据的源头，存取款人的信息、金额、密码等都需要由顾客提供；经过银行系统一系列的处理之后，现金、存折等还需要返还给顾客，顾客是数据的终点。我们用一个正方形，并在其左上角外边加一个直角来表示外部实体，在正方形内写上这个外部实体的名称。

② 数据流。数据流表示流动着的数据，它可以是一项数据（如某位顾客的编号），也可以是一组数据（如订货单、统计表等）。数据流用带有名字的箭头表示，名字是对每个数据流的简单描述，箭头则表示数据的流动方向。名字一般写在箭头的上方，一些含义十分明确的数据流，其名字也可以省略。

③ 数据存储。数据存储表示数据保存的地方，它指逻辑意义上的数据存储环节，即系统信息处理功能需要的、不考虑存储的物理介质和技术手段的数据存储环节，如数据文件、文件夹或账本等。数据存储用一个右边开口的长方形条来表示。在长方形条内填写存储的数据和数据集的名字。为了区分和引用方便，通常会在左边填入该数据存储的标识，标识号通常以“D”开头，后面跟数字。指向数据存储的箭头，表示送数据到数据存储；从数据存储发出的箭头，表示从数据存储读取数据。

④ 处理逻辑（加工）。处理逻辑又称为功能，是对数据进行的操作。它包括两方面内容：一是变换数据组成，即改变数据结构；二是在原有的数据内容基础上增加新的内容，形成新的数据。它用一个长方形来表示处理逻辑，长方形分上下两部分，图形下部填写处理的名字，如开发票、出库处理等，上部填写标志号，通常以“P”开头，后面跟数字。

（4）数据流程图的画法。数据流程图是分层次的，绘制时采取自顶向下逐层分解的办法。即把一个系统看成一个整体功能，明确信息的输入与输出，系统为了实现这个整体功能，内部必然会有信息的处理、传递、存储过程。这些处理又可以分别看作整体功能，其内部又有信息的处理、传递、存储过程。如此一层一层地分解，直到所有处理步骤都很具体为止。具体步骤如下。

① 确定与本系统有关的外部实体，即确定与本系统有关的单位、部门和人等。

② 确定系统的整体功能即整体处理逻辑，围绕处理确定输入、输出数据流。

③ 确定系统的存储单元，即确定系统中需要存储的文件和数据。

④ 绘制顶层的数据流程图。按照系统功能结构绘制顶层的数据流程图，即按照从左到右、自顶向下的顺序，将各个处理单元、外部实体和存储单元通过数据流连接起来。顶层的数据流程图是概要性的，不涉及细节，不考虑特殊情况。

⑤ 绘制低层的数据流程图。将顶层的数据流程图中的处理单元分解，分解成多个子处理，逐个分析每个处理逻辑的信息传递、处理、存储过程，并加入特殊情况的处理。通过数据流将所有的元素联系在一起。

⑥ 组织用户领导、管理人员和业务人员等各方面代表反复讨论、分析、比较，直到得到一个用户和开发人员都能理解的、满意的数据流程图。

下面通过一个实例来说明数据流程图的绘制过程。

【例】车间填写领料单给仓库要求领料，库长根据用料计划审批领料单，未批准的退回车间，已批准的领料单送到仓库保管员处，由他查阅库存账。若账上有货则通知车间前来领料，并修改库存账，否则进行订货处理，生成缺货通知单给采购人员。

根据数据流程图的步骤，第一步确定与本系统有关的外部实体——车间和采购人员，还要确定系统的整体功能——领料处理。领料处理的输入数据流是来自于车间的领料单，处理之后的结果分两种情况，一种是仓库有料，给车间发领料通知单，通知车间来领料；另一种结果是仓库没有物料，给采购员发缺货单。根据分析，绘制顶层的数据流程图，如图4-10所示。

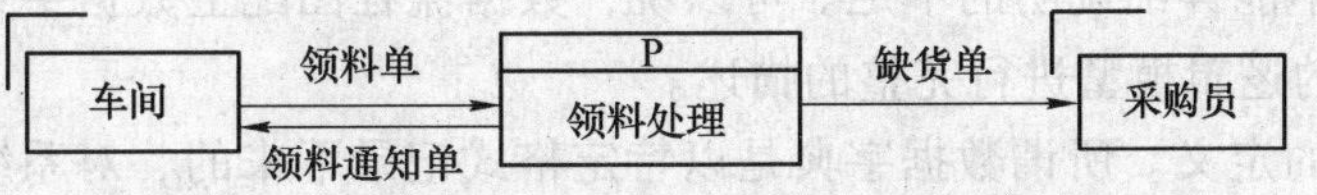

图4-10　库存管理领料业务的顶层数据流程图

第二步，对顶层数据流程图的分解从“领料处理”开始，将领料处理分解成三个主要的处理逻辑，逐个分析每个处理逻辑的信息传递、处理、存储过程。

◆审批处理P1。审批处理的输入是来自车间的领料单和来自于用料计划的数据，经过审批处理后，结果是合格的领料单送到下一步“库存处理”，不合格的领料单退回车间。

◆库存处理P2。库存处理是根据合格的领料单，查阅库存账，处理结果分两种情况，若账上有货则将领料通知单给车间，并修改库存账，否则送到下一步“订货处理”。

◆订货处理P3。开缺货通知单给采购员。

通过数据流将所有的元素联系在一起，如图4-11所示。

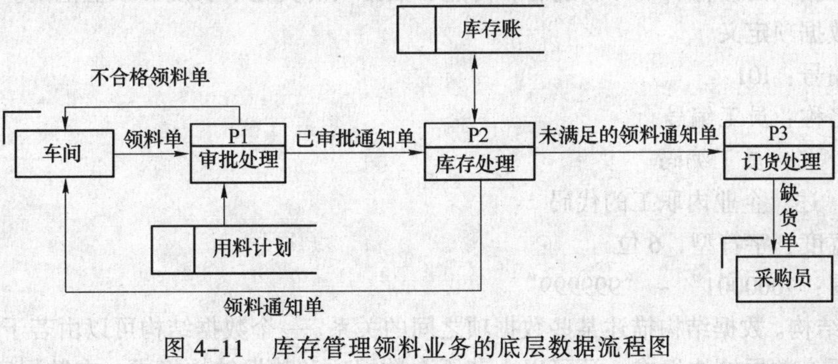

图4-11　库存管理领料业务的底层数据流程图

（5）绘制数据流程图的注意事项。

① 任何一个数据流至少有一端是处理逻辑（加工）。也就是说，数据流不能从外部实体直接到数据存储，不能从数据存储到外部实体，也不能在外部实体之间或数据存储之间流动。

② 加工处理是对数据进行处理的单元，要遵循数据守恒的原则，即输入数据与输出数据要匹配。数据不守恒有两种情况，一种是某个处理过程用以产生输出数据，而没有输入数据，这肯定是遗漏了某些数据流；另一种是某些输入在处理之后，没有输出数据流，这样的处理逻辑将没有意义。

③ 数据流方向从文件→加工处理表示读文件，数据流方向从加工处理→文件表示写文件（上例中，库存处理与库存账之间有读和写的两个过程，所以是双向箭头）。

④ 父图中的某一处理框的输入、输出数据流必须出现在相应的子图中，否则就会出现父图和子图的不平衡。这是比较常见的错误，而不平衡的分层会使人无法理解。

⑤ 需要说明的是，数据流程图的表示方法不是唯一的。系统分析员的个人经验和水平不同，对问题的理解不同，所绘制的数据流程图可能也有所不同。

2．数据字典

数据流程图从数据流向的角度描述了系统的组成和各部分之间的联系，但却没有具体说明各个组成部分和数据流的含义，为此需要其他工具对数据流程图加以补充说明，数据字典就是这样的工具。数据字典能描述系统中数据流程图中全部组成部分的清单，它能弥补数据流程图对数据的具体内容不能详细说明的不足。可以说，数据流程图配上数据字典，就能从图形和文字两个方面对系统的逻辑模型进行完整的描述。

（1）数据字典的定义。所谓数据字典是以特定格式记录下来的、对系统的数据流程图中各个基本要素（数据流、加工、存储和外部实体）的内容和特征所作的完整的定义和说明。它是结构化系统分析的重要工具之一，是对数据流程图的重要补充和说明。

（2）数据字典的内容。数据字典的内容包括 6 个方面：数据项、数据结构、数据流、处理逻辑、数据存储和外部实体。既然数据流程图中只有 4 种元素，为什么数据字典中却有 6 种元素呢？这是因为数据流是由数据项或数据结构，为了更方便地定义数据流，需要先定义数据项和数据结构。

数据字典的定义可以采用卡片式，也可以采用表格式，不管采用哪种格式，其内容是一致的。

① 数据项。也称数据元素，是具有独立逻辑含义的最小数据单位。在数据字典中对其进行定义包括：数据项的名称、编号、别名和简述、数据项的类型、长度和取值范围。

【例】数据项定义

数据项编号：I01

数据项名称：员工编号

别　　　名：员工编码

简　　　述：企业内职工的代码

类型及宽度：字符型，6 位

取值范围："000001" ~ "999999"

② 数据结构。数据结构描述某些数据项之间的关系。一个数据结构可以由若干数据项组成，也可以由若干个数据结构组成，还可以由若干个数据项和数据结构组成。在数据字典中对其进

行定义包括：数据结构的编号、名称、简述、数据结构的组成等。

【例】数据结构定义

数据结构编号：DS01

数据结构名称：订货单

简　　　述：来自于用户的订货单

组　　　成：I03+DS001+DS002+I05

③ 数据流。数据流用来描述数据的流动过程，由数据项或数据结构组成。在数据字典中对其进行定义包括：数据流的编号、名称、简述、来源、去向、组成、流通量、高峰期流通量等。

【例】数据流定义

数据流编号：D0001

数据流名称：出库单

简　　　述：来自于销售科的产品出库单

来　　　源：销售科

去　　　向：审核出库单处理模块

组　　　成：I003+I004+DS01+DS03+I007

流　　　量：10 份/小时

④ 处理逻辑（加工）。在数据字典中，仅对数据流程图中最基本的处理逻辑加以说明。在数据字典中对其进行定义包括：处理逻辑的编号、名称、简述、输入、处理过程、输出、处理频率等。

【例】数据处理定义

处理逻辑编号：P01

处理逻辑名称：审批处理

简　　　述：审批车间填写的领料单是否符合用料计划

输入的数据流：领料单。来源是外部实体“车间”

处　　　理：审批领料单，看是否符合用料计划

输出的数据流：合格的领料单，去向是处理逻辑“库存处理”；不合格的领料单，去向是外部实体“车间”

处 理 逻 辑：50 次/天

⑤ 数据存储。数据存储是数据流动的暂时或永久保存的地方，在数据字典里只描述数据的逻辑存储结构，而不涉及它的物理组织。在数据字典中对其进行定义包括：数据存储的编号、名称、简述、组成、关键字、相应的处理等。

【例】数据存储定义

数据存储编号：F001

数据存储名称：出库流水账

简　　　述：存放出库单信息

组　　　成：I003+I005+DS08+I006

关　键　字：I003

相关联的处理：P03，P04

⑥ 外部实体。外部实体是数据的来源和去向。在数据字典中对其进行定义包括：外部实体的编号、名称、简述、输入的数据流、输出的数据流等。

【例】外部实体定义

外部实体编号：S01

外部实体名称：车间

简　　　述：使用库存货物的用户

输出的数据流：D0002（“领料单”）

输入的数据流：D0003（“不合格领料单”），D0004（“领料通知单”）

编写数据字典可以有两种方式：人工方式和计算机方式。人工方式就是由人工将有关内容随时建立在一叠卡片上，对卡片进行分类、排序从而得到数据字典。计算机方式就是把条目存储在计算机内，由专门的自动化数据字典软件对数据进行管理。对于大型的管理信息系统，为了提高工作效率一般采用计算机方式。

数据字典实际上是“关于数据的数据库”。在整个信息系统开发过程中，数据字典都是必不可少的工具。数据字典一旦建立，就是系统所有开发人员的工作参考、是系统开发工作统一的标准。需要注意的是，在数据字典的建立、修改和补充过程中，要注意始终保持数据的完整性和一致性。

3．表达处理逻辑的工具

数据流程图中的处理逻辑可以在数据字典中作简单的描述，但是这种描述是高度概括的。在数据字典中，不可能也不应该过多地描述各个处理功能的细节。为此，对于一些复杂的、难以说明的处理逻辑，需要另外几种专门描述处理逻辑的工具来完成。

（1）结构化语言。结构化语言是一种模拟计算机语言的处理逻辑描述方法，是受结构化程序设计思想启发而扩展出来的，它使用 IF，ELSE，THEN，OR 等组成规范结构化语言完成对处理过程的描述，包括简单的祈使句、判断语句、循环语句三种基本结构。以公司的折扣策略的确定为例，采用结构化语言可以描述为：

```
IF 年购货额≥5 万元
    IF 欠款时间≤3 个月
        THEN  八折
    ELSE
        IF 与公司业务史≥5 年
           THEN 九折
        ELSE 九五折
ELSE 无折扣
```

（2）判断树。判断树也称决策树，是采用树形分叉图表示处理逻辑的一种工具。它由两部分组成，左侧用分叉表示条件，右侧树梢表示采取的行动。判断树的最左边为树根，从左向右依次排列各种条件，左边的条件比右边的优先考虑。根据每个条件的取值不同，树可以产生很多分支，各分支的最右端（即树梢）即为不同的条件取值状态下采取的行动（也称策略）。

例如，某翻译公司的收费标准为：翻译字数少于等于 3 000 字，类型是一般读物，每千字收费 180 元；类型是专业读物，每千字收费 220 元。字数大于 3 000 字少于 8 000 字，若类型是一般读物，每千字收费 160 元；类型是专业读物，每千字收费 200 元。字数大于等于 8 000 字，不管何种读物，收费都是每千字 150 元。决策树如图 4-12 所示。

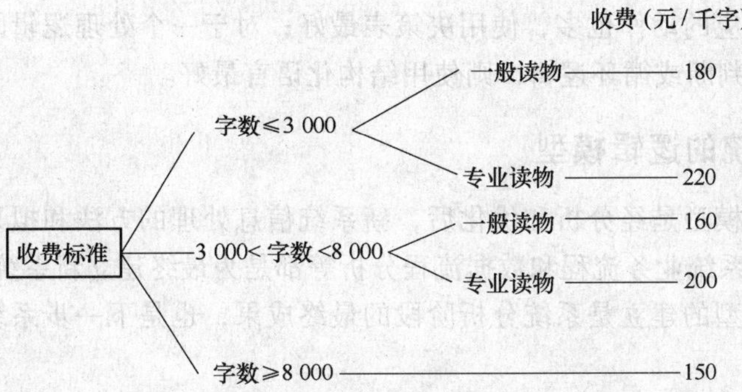

图 4–12　某翻译公司收费方案的决策树

从图 4–12 可以看出，采用决策树的优点是形象直观，可以清楚地看出各种条件下的不同取值状态下应当采取的行动，还可以看出根据条件的优先级别逐步判断、决策的过程。

（3）判断表。判断表也称判断树，是采用表格来表示处理逻辑的一种工具。决策表分成四大部分，左上角为条件说明，左下角为行动说明，右上角为各种条件的全部组合，右下角为各种条件组合下采取的行动，表结构如图 4–13 所示。

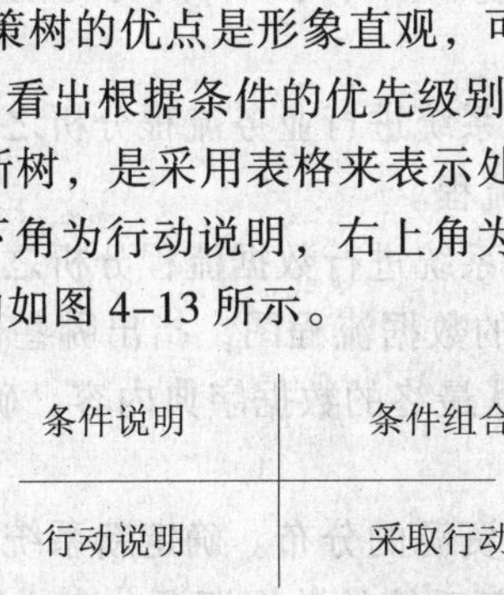

图 4–13　决策表结构

上述翻译公司的制定收费标准的例子，可以用表 4–2 表达。

表 4-2　某翻译公司的收费方案的决策表

条件组合和采取行动 / 条件和行动	1	2	3	4	5
C1：字数≤3 000 字	Y	Y	N	N	N
C2：字数<8 000 字	Y	Y	Y	Y	N
C3：一般读物	Y	N	Y	N	–
A1：每千字 150 元					√
A2：每千字 160 元			√		
A1：每千字 180 元	√				
A1：每千字 200 元				√	
A1：每千字 220 元		√			

从表 4–2 可以看出，采用决策表可以清晰地表达条件、决策规则和处理方案之间的逻辑关系，将复杂的决策问题简洁、明确地描述出来，容易为管理人员和系统设计人员所接受。判断表是描述条件比较多的决策问题的有效工具。

这三种表达工具各有优点，使用范围可以概括为：对于一个不太复杂的判断逻辑，即条件只有 2~3 个，条件组合及行动在 10~15 个之间，使用决策树最好；对于一个复杂的判断逻辑，条件多、组合多、相应的动作也多，使用决策表最好；对于一个处理逻辑既包含了一般的顺序执行动作，又包含了判断或循环逻辑，则使用结构化语言最好。

4.4.5 建立新系统的逻辑模型

目标系统的逻辑模型是经分析和优化后，新系统信息处理的方法和拟采用的管理模型。前面介绍的详细调查、系统业务流程和数据流程分析等都是为最终建立新系统的逻辑模型作准备。所以，新系统逻辑模型的建立是系统分析阶段的最终成果，也是下一步系统设计和系统实现的依据。

在逻辑模型中，必须明确以下方面的内容。

（1）分析系统目标。根据详细调查和系统化的分析，再重新考察可行性分析报告中提出的系统目标，结合目前系统建设的环境和条件对项目的可行性和必要性重新思考，使系统的目标更适合组织的管理需要和战略目标。

（2）新系统的业务流程。对原系统进行业务流程分析之后，找出原业务流程的不足并进行优化重组，从而确定新系统的业务流程。

（3）新系统的数据流程。对原系统进行数据流程分析之后，找出原数据流程的不合理之处并进行优化更改，最终确定新系统的数据流程图，指出哪些部分由计算机系统自动完成，哪些需要用户配合完成；和用户共同确认最终的数据字典内容，确认数据指标体系是否全面、合理，数据精度能否满足要求等。

（4）新系统的逻辑结构和数据资源的分布。确定新系统的功能结构及子系统划分，确定各子系统之间的数据交换关系，确定新系统的数据资源分布方案，如哪些应该存储在本系统设备内部，哪些应该存储在网络服务器或主机上。

（5）新系统的管理模型。确定新系统的管理模型就是要确定今后系统在每一个具体的管理环节上的处理方法。一般应根据系统分析的结果和管理科学方面的知识来定，包括综合计划模型、生产计划管理模型、库存管理模型等。

4.4.6 编制系统分析报告

系统分析报告是系统分析阶段的成果，它反映了这一阶段调查分析的全部情况，是下一步设计和实现系统的纲领性文件。系统分析报告的内容如下。

（1）引言。包括系统名称、用户名称、开发单位名称、参考资料、专门术语解释等。

（2）项目概述。

① 项目的主要工作内容。简要说明本项目在系统分析阶段所进行的各项工作的主要内容。这些是建立新系统逻辑模型的必要条件，而逻辑模型是系统分析报告的主要内容。

② 现行系统的调查情况。列出现有系统的目标、主要功能、组织结构、用户要求等，并简要指出主要问题所在。以组织结构图、功能结构图、业务流程图、表格分配图、数据流程图、数据字典等为主要工具，说明现行信息系统的概况。

③ 新系统的逻辑模型。通过对现行系统的分析，找出现行系统的主要问题所在，进行必要的改动，即可得到新系统的逻辑模型。

（3）实施计划。对开发任务中各项工作进行分解，并估算各项工作的时间进度和先后顺序，列出本项目所需要的开发费用。

系统分析报告是系统开发人员与用户之间的合约，也是系统开发人员进行系统设计和系统实施的基础，同时也是验收系统的依据，所以，系统分析报告的编写很重要。系统分析报告编写完成之后需要经过研制人员、企业领导、管理人员、局外系统分析专家等人员的审议，审议通过之后，系统分析报告就成为系统开发人员和企业对该项目共同意志的体现，系统分析作为一个工作阶段，宣告结束。

4.5 管理信息系统的系统设计

系统分析阶段回答的中心问题是系统要“做什么”的问题，即明确系统的功能，建立系统的逻辑模型。系统设计是回答系统“怎么做”的问题，它是利用系统分析的成果，以系统分析报告为依据，把系统逻辑模型转换成物理模型，即实现系统分析报告所规定的系统功能。

4.5.1 系统设计的任务和原则

1. 系统设计的任务

系统设计的总任务主要包括如下两大方面。

（1）系统总体结构设计。内容包括功能结构图设计和功能模块图设计。

（2）详细设计。是为各个具体任务选择适当的技术手段和处理方法，包括代码设计、数据库设计、输入/输出设计、处理流程设计、物理配置方案设计等。

2. 系统设计的原则

（1）系统性。系统是作为统一整体而存在的，因此在系统设计中，要从整个系统的角度进行考虑，应做到信息编码、采集、信息通信等内容的一致性，要有良好的设计规范和标准，传递语言要尽量一致。

（2）系统的可修改性。系统的可修改性是指系统容易修改的程度。它并没有一个定量的标准，而是通过比较得出的结果。假设有两种设计方案均可满足系统需求，根据这两种方案可以建立系统 A 和系统 B。在投入运行后，当用户提出新的需求要求更改系统某项功能时，如果修改 A 需要 20 小时，修改 B 需要 60 小时，那么 A 的可修改性要高于 B。在系统设计时要采用合适的原则，如尽量提高模块的独立性，减少各模块之间的数据依赖性等，这些都能使系统的各个部分独立性增强，容易进行变动。

（3）系统的可靠性。系统的可靠性是指系统在运行过程中，抵御外界干扰的能力以及受外界干扰后的恢复能力。系统的可靠性包括软件和硬件可靠性两种，它取决于系统本身的性质。提高系统可靠性的途径主要有：设置完善的检错、纠错的功能，建立运行日志和信息追踪，规定文件的存取限制，通过可靠性指标进行检验等。一般来说，提高系统可靠性在经济上要花费较大的代价，还要增加相应的软件和硬件，同时还会影响到系统的运行效率。

（4）经济性。系统的经济性是指系统的收益大于系统支出的比例。在满足系统需求的前提下，应该尽可能减少系统的开销。一方面，在硬件投资上不能盲目追求技术上的先进性，而应以满足应用需求为前提；另一方面，系统设计中应尽量避免不必要的复杂化，各模块应尽量简洁，以便缩短处理流程，减少处理费用。

以上原则既是相互联系又是相互制约的，甚至相互矛盾的。在设计时，不同系统的具体情况各不相同，侧重点就有所不同。例如，某些系统对可靠性要求很高，就要选取高可靠性的设备，甚至采用双机结构，并采取一些校验措施，否则不但经济性原则不能满足，还会影响系统的质量。

4.5.2 总体结构设计

1．功能结构图设计

功能结构图就是按功能从属关系画成的图表。功能越上层越笼统，功能越下层越具体。功能分解的过程就是一个由抽象到具体、由复杂到简单的过程。

很明显，功能结构图中各层功能与新的信息系统中数据流程图中的处理是对应的。图 4-14 就是关于工资管理的功能结构图。

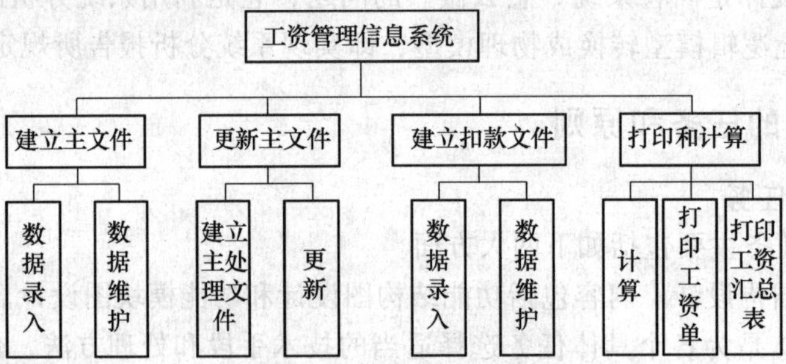

图 4-14 工资管理的功能结构图

2．功能模块设计

功能结构图中每一个框称为一个功能模块，简称为模块。功能模块设计就是按自上而下的原则将整个系统划分成若干功能模块，每个功能模块进一步分解为几个更小的模块，层层分解直到最基本的功能模块。这样就得到具有层次结构的模块结构，称为模块结构图。模块可以根据具体情况划分得大一点或小一点。分解得最小的功能模块可以是一个程序中的每个处理过程，而较大的功能模块则可能是完成某一任务的一组程序。

把一个复杂的系统分解为多个功能较单一的功能模块的方法称作模块化。模块化是一种重要的设计思想，它把一个复杂的系统分解为一些规模较小、功能较简单的、更易于建立和修改的部分。可见系统是由模块构成，系统的质量取决于模块的质量以及模块间联系的质量。模块的划分有两个原则，其一是模块的独立性要好，即模块内各部分的联系应尽可能紧密，分工明确，没有冗余，共同作用以实现本模块的功能；其二是模块间的联系要少，即在设计时应想办法尽量减少模块间的联系。

4.5.3 代码设计

代码是人为确定的能代表事物名称、属性、状态等的符号。为了便于计算机进行处理，代码一般用数字、字母或者它们的组合来表示。在管理信息系统中，代码是人和计算机的共同语言，是两者交换信息的工具，除此之外还具有标识、分类、排序等作用。因此，代码设计是系统设计中很重要的一个环节，能否设计出一套能为系统各个部分所共用的、优化的代码系统是实现计算机管理的前提。

1．代码设计的原则

（1）唯一性：每个代码都仅代表唯一的实体或属性。

（2）通用性：国家有关编码标准是代码设计的重要依据，已有标准的必须遵循。在一个代码体系中，代码结构、类型、编写格式必须统一。

（3）合理性：代码结构要合理，尽量反映编码对象的特征，并与事务分类体系相适应，以使代码具有分类的标识作用。

（4）可扩充性：代码系统要考虑系统的发展变化，留有充分的余地。当增加新的实体或属性时，直接利用原代码加以扩充，而不需要变动代码系统。

【例】若已知码的位数为 P，每一位上可用字符数为 S_i，则可以组成码的总数为

$$C = \prod_{i=1}^{P} S_i$$

例如，对每位字符为 0~9 的三位码，共可组成 $C=10\times10\times10=1\,000$ 种码。若实体对象的总数是 S，那么：当 $C>S$，代码方案可行；当 $C=S$，代码方案目前可行，但今后无法扩充；当 $C<S$，代码方案不可行，需要重新设计。

（5）可识别性。一般来说，代码的长度应以短小为好，代码的长度会影响所占据的存储单元和信息处理速度，也会影响代码输入时出错的概率及输入、输出速度。当代码很长时，应分成小段，便于记忆。

2. 代码的种类

代码的种类很多，典型的代码有以下几种。

（1）顺序码。顺序码也称序列码，是一种用连续数字代表编码对象的码。

例如课程学科门类代码：

01—哲学

02—经济学

03—法学

顺序码的优点是代码简单、易于管理、便于添加。缺点是代码本身没有列出对象的任何其他信息，没有逻辑性，不方便记忆，另外这种编码缺乏分类组织，一旦确定后没有弹性，不适宜分类。在信息系统的设计工作中，纯粹的顺序码是很少被使用的，通常作为其他码分类中细分类编码的一种补充手段。

（2）区间码。区间码把代码分成若干区间，每一区间代表一个组，每组中码的值和位置都代表一定意义。例如，我国的邮政编码采用四级六位编码制，前两位表示省、市、自治区，第三位代表邮区，第四位代表县、市，最后两位代表投递邮局，代表从这个城市哪个投递区投递的。

区间码的优点是能够明确表示分类对象的类别，排序、分类、检索等操作易于进行，但是这种码的长度与其分类属性的数量有关，有时可能造成很长的码，而且区间码的维护也很困难。

（3）助忆码。助忆码也称表意码，是将编码对象的名称、规格等属性作为代码的一部分，一般由数字和字母共同组合而成。例如用 TV–B–12 代表 12 寸黑白电视机，用 TV–C–20 代表 20 寸彩色电视机。

助忆码的优点是可以通过联想帮助记忆，但是只适用于编码对象很少的情况，否则会引起联想出错。此外，太长的助忆码占用计算机容量较多，不宜采用。

3. 代码结构中的校验位

代码作为计算机的重要输入内容之一，它的正确性将直接影响系统的质量。当人们在重复抄写代码和将它录入到计算机时，发生错误的可能性很大，比如抄写错误、移位错误、双移位

错误，以及上述两种或两种以上的错误等都可能出现。因此，为了保证输入代码的正确性，应在原有代码的基础上加一个校验位，使其变成代码的一个组成部分。校验位是通过事先规定的数学方法计算出来的。代码一经输入，计算机会用同样的数学方法按输入的代码数字计算出校验位，并将它与输入的代码中的校验位进行比较，以证实输入是否有错。

（1）校验位的生成方式。

① 对代码本体的每一位加权求和。

代码本体：C_1　C_2　$C_3 \cdots C_n$

加权因子：P_1　P_2　$P_3 \cdots P_n$

加权求和：$S=\sum C_i P_i$（i=1，2，3，…，n）

其中加权因子可以取自然数，如 1，2，3，…；可以取几何级数，如 2，4，6，…；可以取质数，如 2，3，5，7，…

② 以模除和得到余数，将余数作为检验位。

模的取值应大于代码中字符的个数；模与代码各位上对应的权应互为质数；模最好为质数。通常取 11 为模数，这样，余数最大为 10。由于校验位一般为 1 位，当余数为 10 时，规定校验位仍取 0；当余数为小于 10 的数时，校验位就是余数本身。

（2）举例：校验位的确定。设计代码校验位的方案如下：若原代码为 135678，共 6 位，从左至右取权 12，10，8，6，4，2，取模为 11，请计算出原代码的校验位。

原代码：	1	3	5	6	7	8
权：	12	10	8	6	4	2

乘积之和：S = 12+30+40+36+28+16 = 162

模取 11 求余数：162/11=14…8

校验位为 8

4．代码的设计步骤

（1）确定编码对象。考察是否已有标准代码。如果国家标准局对编码对象已经规定了标准代码，那么应遵循这些标准代码。如果没有标准代码，那么在代码设计时要参考国际标准化组织、其他国家、其他部门、其他单位的编码标准，设计出便于今后标准化的代码。

（2）根据编码对象的数量、使用范围和使用时间，根据实际情况确定代码的位数和种类。

（3）考虑检错功能。对于一些比较重要的代码，可以通过设计校验位来保证代码的正确性。

（4）编写代码表。代码编写后，要编制代码表，作详细说明，通知有关部门组织学习，以便正确使用。

4.5.4 数据库设计

数据库设计是根据用户需求研制数据库结构的过程，具体地说，对于给定的应用环境，建立一个性能良好的、能满足不同用户使用要求的、又能被选定的数据库管理系统所接受的数据库系统模式。数据库设计的步骤包括：用户需求分析、概念结构设计、逻辑结构设计和物理结构设计四个阶段。这四部分已经在第二章中做了比较详细的介绍。

4.5.5 输入/输出设计

输入/输出（I/O）设计是系统设计的重要内容。管理信息系统设计的最终目的就是要满足用户的需求，输入界面是管理信息系统与用户之间交互的纽带，对信息系统质量有决定性的重要作用，而输出设计反映了系统开发的目的，其结果是评价系统开发成功与否的重要依据。需要注意的是，在系统的输入/输出设计过程中，应先根据管理和用户的需要进行输出设计，然后再根据输出所要求获得的信息进行输入设计。

1．输出设计

输出是系统运行后产生的结果或提供的中间信息。输出设计是系统实现业务和管理功能所不可缺少的部分，输出信息的质量、及时性以及输出界面是否友好是评价信息系统优劣的标准之一。输出信息的使用者是用户，所以输出的内容与格式都是用户较关心的问题。因此，在设计过程中，开发人员必须深入了解用户的要求，及时与用户沟通。输出设计的主要内容包括如下。

（1）确定输出信息使用方面的情况。包括信息的使用者、使用目的、信息量、输出周期、有效期、输出份数等。

（2）确定输出信息的内容。包括确定输出项目、位数、精度、信息形式（文字、数字）。

（3）设计输出格式。输出格式要满足使用者的要求和习惯，达到格式清晰、美观、易于阅读和理解的要求。常见的输出格式有：表格、图形、报表等。

（4）选择输出设备和介质。常见的输出设备和介质见表 4-3。

表 4-3　输出设备和介质

输出设备	打印机	卡片/纸带输出机	磁带机	磁盘机	显示终端	绘图仪	缩微胶卷输出机
介质	打印纸	卡片/纸带	磁带	磁盘	屏幕	图纸	缩微胶卷
用途与特点	便于保存，费用低廉	可代替其他系统供输入之用	容量大，适于顺序存取	容量大，存取更方便	响应灵活的人机对话	精度高，功能全	体积小，易保存

2．输入设计

输入是将机外或外地机的信息转换成机内信息，它是信息处理的“源”，因此保证这个“源”的正确性是输入设计中的一项重要内容。进行输入设计要遵循提高效率和减少错误这两个最根本的原则，具体可以采用控制输入量、减少输入延迟、简化输入过程等提高输入效率，可以增加自动数据检验和检查的功能以减少数据错误。输出设计的主要内容包括如下。

（1）设计输入内容。确定输入数据项名称、数据内容、精度、数值范围等。

（2）选择输入设备。输入设计首先要确定输入设备的类型和输入介质，目前常用的输入设备包括键盘、光电阅读器、终端输入、光笔、扫描仪等。

（3）设计输入格式。输入格式应该针对输入设备的特点进行设计。若选用键盘方式人机交互输入，则输入格式的编排应尽量做到计算机屏幕显示格式与原始单据格式一致。输入数据的形式一般可采用“填表式”，由用户逐项填入数据，输入完毕后确认输入数据是否正确无误。

（4）确定数据校验方式。为了保证输入数据的正确性，在输入设计时要考虑采用具体的方式检测输入数据的正确性。常见的输入校验方式除了前面介绍的校验位校验之外，还有重复校验、视觉校验、平衡校验、逻辑校验、界限校验等。

4.5.6 处理流程设计

总体结构设计将系统划分成子系统，子系统划分成模块，构成功能结构图，并且用模块结构图表示模块的调用关系、数据传递关系，即确定了模块的外部特征。模块内部算法设计就是确定模块的内部特征，即对每个模块的加工处理逻辑进行分析与设计，它是在功能结构图或模块结构图的基础上具体设计出每个模块内部的功能和处理过程，为程序员提供详细的技术资料。模块的内部处理流程设计工具主要有：IPO（Input-Process-Output）图，流程图、盒图（N-S 图）等。但是随着计算机系统软件功能的增强，有许多处理不必专门编写程序，所以，处理流程图这一步可以省略。

4.5.7 物理配置方案设计

由于信息系统是一个计算机应用系统，所以当然离不开一个完整的计算机系统和网络系统。进行物理配置方案设计的目标就是合理地配置计算机这一系统环境，使得用户实现以较少的投资代价获得较高的系统性能。系统物理配置方案设计主要有计算机系统的选择和网络设计。

1. 计算机系统的选择

计算机系统的选择包括硬件和软件两个方面，一般应从以下几个方面进行。

（1）选择的依据。计算机系统方案的提出，要考虑和依据系统的可行性报告、系统分析报告和系统总体结构设计三个方面。

（2）功能、性能、容量的要求。系统功能要求主要考虑数据处理能力、多媒体处理能力及上网要求等；性能要求主要强调计算机的运行速度、字长等指标要求；容量要求则是根据信息系统的近期、中长期可能的数据处理量对内存、外存容量提出要求。

（3）系统配置。系统配置要从软、硬件两个方面来考虑。硬件和软件要兼容，并且要注意可扩充性。还有，要从用户和系统要求的实际出发，选定计算机系统的外部设备。

（4）市场考虑。计算机的选型不光是要看广告和书面材料，还要进行实地考察，甚至是走访用户，要考虑系统的升级情况、软件使用情况、厂商售后服务承诺、机型的使用率以及国情要求。

2. 网络设计

当前的信息系统离不开网络。网络设计不仅要考虑系统集成和结构化布线，还要考虑网络的性能。

（1）网络系统结构。网络系统结构共有工作站/文件服务器、主机/终端系统、客户/服务器系统、对等网络系统等四种结构。这四种结构各有不同的特点和适用场合，设计人员需要根据用户企业的具体情况加以选择，网络系统结构或运行环境会影响到信息系统结构的设计。

（2）数据库访问方式。信息系统一般要进行大量的数据库操作，选择不同的网络系统结构，所使用的数据库访问方式也不相同。数据库通常有独立数据库、文件共享性数据库、客户/服务器型数据库、多层数据库应用系统、基于 WEB 的数据库等。

（3）性能指标。网络选型要考虑网络的吞吐能力、可靠性、可扩充性、最大的作用距离、可维护性等性能指标，遵循标准化、主流性和实用性等原则选择满足应用需求的网络产品。

4.5.8 编制系统设计报告

系统设计结束后，应该编写系统设计报告来总结系统设计阶段的成果，完成新系统物理模型设计，为系统实施阶段提供依据。系统设计报告的主要内容如下。

（1）引言。说明项目的背景、工作条件及约束、引用资料和专门术语。

（2）系统总体技术方案。这是最主要的部分，包括功能结构设计、模块结构设计、代码设计、数据库设计、输入/输出设计、物理配置方案设计、实施方案说明等。

4.6 系统实施

系统实施是管理信息系统开发生命的最后阶段，其目的是把系统分析和系统设计阶段的成果转化为可以在计算机上实际运行的系统，交付用户实用。系统实施的主要任务就是按照系统设计报告的要求，购买计算机系统和网络系统并进行安装和调试，编写程序并进行测试，调试新系统，培训操作人员，还要整理基础数据，最后进行新旧系统的转换。

4.6.1 物理系统的实施

物理系统的实施所做的主要工作是购置设备并进行安装，主要包括计算机系统和网络系统的实施。

1. 计算机系统的实施

（1）硬件获取。计算机系统的硬件包括计算机主机、存储设备、输入/输出设备、辅助设备（稳压电源、空调设备等）。这些硬件的获取可按系统设计报告的要求和可行性分析报告对财力资源的分析，采用购买、租借或租用等方式，获取适当的设备。

计算机系统到货以前，要为其准备好物理场所，即机房建设。一般来说，机房的环境要满足计算机的基本要求，如室内温度和湿度、地板的防静电、UPS不间断电源的配备等。

设备到货后要根据供货要求进行验收，再由供货方进行安装调试，看是否达到所要求的性能指标。调试成功后，要由用户、专家和管理人员进行验收，可以运行常规的系统诊断校验软件验证系统的可靠性。供货商要负责操作人员的培训。

（2）软件获取。软件系统包括操作系统、数据库管理系统，以及一些实用软件。为了保证系统的稳定性，最好选用正版软件。有些系统软件是随机赠送，也有些是自行购买的，不管什么方式，都要保存详细的资料和使用说明书。另外，软件也需要进行安装和调试。

2. 网络系统的实施

按照设计阶段的要求，选购系统所需的网络设备和网络操作系统，并进行有关的网络通信设备和网络线路的架构与连接、网络操作系统的安装与调试、整个网络系统的性能和安全测试及用户权限的设置等。由于现代大型信息系统对网络的要求越来越高，所以网络系统的实施比以前难度更大。一个比较好的办法是把网络系统的实施外包出去，这样一来，既能大大降低工作负担，又能保证实施质量。

4.6.2 程序设计

1. 程序设计的原则

（1）可维护性。系统在运行期间会逐步暴露出某些隐含的错误，随着外界环境的变化，用户也可能提出一些新要求需要对程序进行完善。由于计算机软件与硬件的更新换代也需要对程序进行升级，这些工作都是属于程序维护的任务。一个程序如果不容易维护，它的使用价值将大打折扣，所以说可维护性是对程序设计的重要要求之一。

（2）可靠性。可靠性是指程序应当具有较好的容错能力，不会因错误数据或错误操作导致系统发生不可恢复性错误。可靠性反映在多个方面，如程序运行的可靠、数据存取的正确性、操作权限的安全可靠等。系统可靠性指标在任何时候都是衡量系统质量的首要指标。

（3）可理解性。程序要求不仅逻辑正确，而且应当层次清楚、简洁明了，便于人们阅读。这是因为程序的维护工作量很大，程序维护人员经常要维护他人编写的程序，如果一个程序不便于阅读，那么将会给程序检查与维护工作带来极大的困难。

（4）效率。程序的效率指程序运行占计算机资源少，运行速度快。程序的效率与可理解性是矛盾的。在当今计算机内存越来越大、速度越来越快，人们宁可牺牲一定的时间和空间，也要尽量提高系统的可读性和可维护性，片面追求程序的运行效率不利于程序设计质量的全面提高。

2．程序设计的方法与语言选择

目前，程序设计的方法主要有结构化程序设计方法和面向对象程序设计方法。程序设计的语言很多，如基于 C/S 结构的开发语言有 Power Builder、Visual Basic、C++ Builder 等，基于 B/S 结构的开发语言有 ASP、ASP.Net、JSP、PHP 等。具体使用哪一种语言主要取决于程序员对语言的熟悉程度。

4.6.3 系统测试

系统测试是管理信息系统开发过程中十分重要的环节。尽管在系统开发周期的各个阶段都采取了严格的技术审查，但难免还是会遗留下差错。如果没有在投入运行前的系统测试阶段发现并纠正差错，则问题系统实际运行过程中迟早会暴露出来，届时要纠正错误将会付出更大的代价。

测试是对软件计划、软件设计、软件编码进行查错和纠错的活动。测试的目的是为了找出软件开发过程中各个阶段的错误，以便分析错误的性质和确定错误的位置，并纠正错误。系统测试的意义不仅是为了发现系统内部的错误，而且通过某些系统测试可以了解系统的响应时间、事务处理吞吐量、载荷能力、失效恢复能力以及系统实用性等指标，以对整个系统作出综合评价。

根据管理信息系统的开发周期，系统测试可分为五个阶段。

（1）单元测试。单元测试就是以模块为单位进行测试，即测试已设计出的单个模块的正确性，单元测试也称模块测试。模块测试的目的是保证每个模块作为一个单元能够独立运行，在单元测试中所发现的往往是编程和详细设计的错误。

（2）组装测试。在每个模块完成单元测试后，需按照设计时绘制的功能结构图，把它们连接起来，进行组装测试。组装测试的目的是保证各模块无错误地连接、数据有效传输及数据的完整性和一致性、人机界面及各种通信接口满足设计要求等。组装测试往往能发现详细设计和总体设计的错误。

（3）确认测试。组装测试完成后，软件已组装完成，接口方面的错误已经排除，还需进行确认测试。确认测试的目的是检查软件能否按合同要求进行工作，保证系统在功能、性能、安全保密性、可维护性、故障处理能力等方面是否满足要求。确认测试往往能发现系统分析和总体设计的错误。

（4）系统测试。在软件完成确认测试后，应对与它相关的部分或全部软硬件组成的系统进行综合测试。系统测试的目的是通过测试，以及与需求的比较，发现软件与系统定义之间的差异。系统测试的依据是系统分析报告。系统测试一般包括：恢复测试、安全测试、强度测试、性能测试等。

（5）编写操作说明。系统测试完毕后，应编写操作说明书，完成程序框图和打印源程序清单。

4.6.4　系统切换

在完成系统测试工作后，即可将其交付使用。所谓交付使用是新系统与旧系统的交替，旧系统停止使用，新系统投入运行。整个交付过程也可以称为系统切换过程，在这个过程中要首先要进行切换前的准备工作，然后选择切换的方式完成新旧系统的切换。

1. 系统切换前的准备工作

（1）数据准备。数据准备是系统切换工作中的一项重要而艰巨的任务。如果新系统是在手工管理基础上建立起来的话，那么就要将手工处理的数据如各类单证、报表、账册等按照新系统对数据要求的格式和内容统一进行收集、分类和编码，然后组织人力将整理好的数据输入到计算机内，并存入相应的数据库，成为新系统的数据。

（2）文档的准备。总体规划、系统分析、系统设计、系统实施等各项工作完成之后，应有一套完整的开发文档资料。这套资料记录了开发过程中的开发轨迹，是开发人员工作的依据，也是用户运行系统、维护系统的依据，因此文档资料要符合一定的规范。在系统运行之前要将这套文档资料准备齐全，形成正规的文件。

（3）人员培训。管理信息系统是一个人机系统，人员是系统的重要组成部分。这些人员包括企业的各级管理人员、操作人员以及管理和维护信息系统的专业人员。为了保证管理信息系统顺利运行，并最大程度地发挥作用，应该重视这些人员的素质。可根据实际需要采取不同的方式对这些人员进行培训。例如，人员数量少时，可采用面对面、手把手方式，在实际系统中进行演练和培训；当人员数量较多时，可以采用授课方式进行，或者是通过网络的方式进行。

2. 系统切换的方式

系统切换是指系统开发完成后新旧系统之间的转换。系统切换一般有三种方式，如图 4-15 所示。

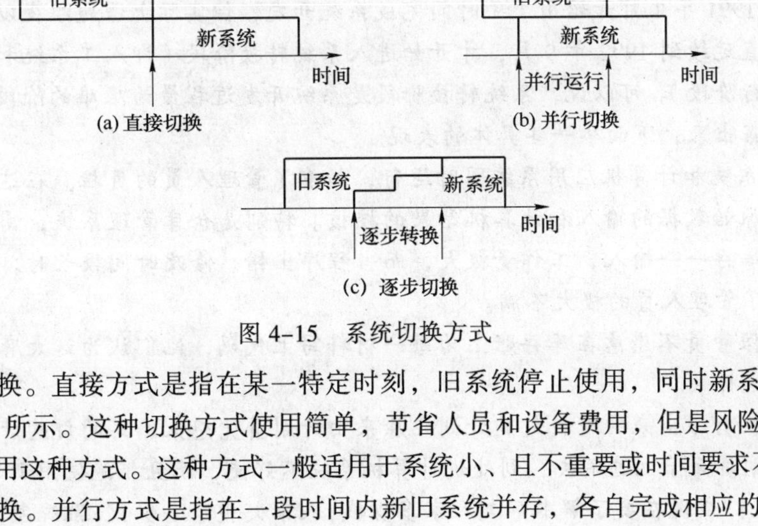

图 4-15　系统切换方式

（1）直接切换。直接方式是指在某一特定时刻，旧系统停止使用，同时新系统立即投入运行，如图 4-15a 所示。这种切换方式使用简单，节省人员和设备费用，但是风险较大。如电话号码升位就是采用这种方式。这种方式一般适用于系统小、且不重要或时间要求不高的情况。

（2）并行切换。并行方式是指在一段时间内新旧系统并存，各自完成相应的工作，并相互对比、审核，如图 4-15b 所示。这种方式安全可靠，风险较少，但是费用和工作量都很大。一般适用于较复杂处理的中型系统。

（3）逐步切换。逐步方式是指分阶段、按部分地完成新旧系统的交替过程，开发完一部分则在某一时间段内就平行运行一部分，如图 4-15c 所示。这种方式既可避免直接方式的风险，又可避免并行方式的双倍费用，但是这种方式的不足之处是接口多。一般适用于较大系统。

【案例分析】

某化工厂开发管理信息系统的经验教训

某化工厂是一个生产硼化物的企业。该厂占地面积 10 万平方米，在册职工 500 人。改革开放以来，建立了厂长负责制，改变了经营方式，搞活了企业，经济效益明显增长。1990 年作为全国知名企业家的厂长，为了进一步提高企业管理水平，决定与某大学合作，以委托开发方式为主研究管理信息系统。接受委托单位进行了可行性分析，认为根据当时企业条件，还不适于立即开始管理信息系统的全面开发，最好先研制一些子系统。原因是该厂技术力量薄弱，当时只能从车间中抽调出三名中专生和一名大专程度的技术人员组成计算机室，管理人员对于应用微型计算机也缺乏认识，思想上的阻力较大。但是，厂长决定马上开始中等规模的管理信息系统开发。他认为，做个试验，即使失败了也没有关系，于是开发工作在 1991 年 1 月就全面上马了，学校抽调了教师和研究生全力投入。

整个项目的研制工作开展得较有条理。首先是系统调研、人员培训，规划了信息系统的总体方案，并购置了以太局域网软件和五台 IBM-PC 机。在系统分析和系统设计阶段绘制数据流程图和信息系统流程图的过程中，课题组和主要科室人员在厂长的支持下多次进行了关于改革管理制度和方法的讨论。他们重新设计了全厂管理数据采集系统的输入表格，得出了改进成本核算，将产量、质量、中控指标由月末统计改为日统计核算。整个系统由生产管理、供销及仓库管理、成本管理、综合统计和网络公用数据库五个子系统组成。各子系统在完成各自业务处理及局部优化任务的基础上，将共享数据和企业高层领导所需数据通过局域网传送到服务器，在系统内形成一个全面的统计数据流，提供有关全厂产量、质量、消耗、成本、利润和效率等 600 多项技术经济指标，为领导做决策提供可靠的依据。在仓库管理方面，通过计算机掌握库存物资动态，控制最低、最高储备，并采用 ABC 分类法，试图加强库存管理。

原计划从 1991 年 1 月开始用 1 年时间完成系统开发，但实际上课题组夜以继日地工作，软件设计还是一直延续到 1992 年 9 月，才开始进入系统转换阶段（即人工系统和基于计算机的信息系统并行运行阶段）。可以说，系统转换阶段是系统开发过程最为艰难的阶段。许多问题在这个阶段开始暴露出来，下面举一些具体的表现。

（1）手工系统和计算机应用系统同时运行，加重了管理人员的负担。在这个阶段，管理人员要参与大量原始数据的输入和计算机结果的校核。特别是仓库管理系统，需要把全厂几千种原材料的月初库存一一输入，工作量极大，而当程序出错、修改时间较长时，往往需要重新输入。这就引起了管理人员的极大不满。

（2）仓库保管员不愿意在库存账上为每一材料写上代码，他们认为这太麻烦，而且理解不了为什么非要这样做。

（3）计算机打印出来的材料订购计划比原来由计划员凭想象编写的订购计划能产生明显的经济效益，计划员面子上过不去，到处说计算机系统不好使，而且拒绝使用新的系统。

（4）厂长说："我现在要了解本厂欠人家多少钱，人家欠我厂多少钱，系统怎么显示不出来？"

以上这些问题，经过努力，逐一得到解决，系统开始正确运行并获得上级领导和兄弟企业的好评。但同时企业环境却发生了很大的变化。一是厂长奉命调离；二是厂外开发人员移交后撤离，技术上问题时有发生；三是原来由该厂独家经营的硼化物产品，由于原材料产地崛起不少小厂而引起市场变化，不仅无暇顾及信息系统发展中产生的各种问题。与此同时，新上任的厂长认为计算机没有太大用，不再予以关心。这时，原来支持计算机应用的计划科长也一反常态，甚至在工作调整中不给计算机人员提工资，结果是已掌握软件开发和维护技术的主要人员调离工厂，整个系统进入瘫痪状态，最后以失败而告终。

案例思考题

1. 该厂关于开发项目规模的决策是否符合诺兰阶段模型？为什么？
2. 系统开发比原计划拖延较长时间，说明了什么问题？
3. 只开发成本管理系统而不进行整个财务系统的开发，对不对？
4. 企业管理人员的素质对系统开发有何种影响？
5. 通过这个案例，你认为企业一把手在开发管理信息系统中的作用是什么？
6. 试用本案例说明管理信息系统不仅是一个技术系统，而且还是一个社会技术系统。

【本章小结】

管理信息系统开发是根据系统规划所确定的总体结构方案和项目开发计划，把拟定的项目计划转化成可以运行的实际系统。系统开发只有明确开发任务，遵循其原则，科学合理地组织与管理，凝聚高素质的开发人员，选择合适的开发方法和开发方式，才能开发出高质量、符合用户需求的新系统。

管理信息系统开发方法有结构化系统开发方法、原型法和面向对象方法。结构化系统开发方法开发管理信息系统可分为三个阶段：系统分析、系统设计、系统实施。用原型法开发管理信息系统，开发人员首先在了解用户需求的基础上，迅速开发出一个能够运行的原型，交给用户使用并作出评价，然后和用户一起反复修改，直到用户满意为止。用面向对象法开发管理信息系统，尽可能模拟人类习惯的思维方式，使开发软件的方法与过程尽可能接近人类认识世界、解决问题的方法与过程。

管理信息系统的开发方式主要有自行开发、委托开发、合作开发和购买现成的商品软件四种，每种开发方式都有其特点和适用场合。

系统分析是在充分认识原信息系统的基础上，完成新系统的逻辑模型设计，解决系统“做什么”的问题。系统分析在很大程度上决定了系统开发工作的成败。系统分析主要包括分析用户要求、现行系统的详细调查、组织结构和业务流程分析、系统数据流程分析、建立新系统的逻辑模型、提出系统分析报告共六大步骤。

系统设计是回答系统“怎么做”的问题，它是利用系统分析的成果，以系统分析报告为依据，把系统逻辑模型转换成物理模型，即实现系统分析报告所规定的系统功能。系统设计主要包括总体结构设计和详细设计，其中详细设计主要包括代码设计、数据库设计、输入/输出设计、处理流程设计、物理配置方案设计等，最后要编制系统设计报告。

系统实施目的是把系统分析和系统设计阶段的成果转化为可以在计算机上实际运行的系统，交付用户使用。系统实施的主要任务就是按照系统设计报告的要求，购买计算机系统和网络系统并进行安装和调试，编写程序并进行测试，调试新系统，培训操作人员，还要整理基础数据，最后进行新旧系统的转换。

【关键术语】

系统生命周期　结构化系统开发方法　原型法　面向对象法　开发方式　用户需求　业务流程图　数据流程图　数据字典　决策树　决策表　总体结构设计　功能模块图　详细设计　代码设计　程序设计　系统测试　系统切换

复习思考题

1. 简答题

（1）试述结构化系统开发方法、原型法的基本思想和优缺点。

（2）简述结构化系统开发方法各个阶段的主要任务。

（3）简述数据流程图的特点和绘制步骤。

（4）数据字典包括哪些内容？

（5）代码具有什么功能？简述代码的种类并举例说明。

（6）系统实施的主要内容是什么？

（7）简述系统切换的三种方式及其优缺点。

2. 实务题

（1）试按以下业务过程画出业务流程图：客户填写“订货单”后，将“订货单”交企业的业务经理。业务经理在“价格表”中查找相应商品的单价，填写“出货单”交仓库保管员。仓库保管员查阅“库存台账”，如果有货则向客户发出“发货单”并更新库存台账；如缺货，则发“缺货通知单”通知生产计划科安排计划生产。

（2）某制造企业的物料入库管理的工作流程分别叙述如下。

① 采购员提交入库单。

② 系统根据采购计划单验收入库单。

③ 若验收发现没有相应的采购计划，则系统向采购员发无效入库单。

④ 若验收合格，则系统根据供货方档案文件进行物料检验，并根据检验结果填写物料检验单。

⑤ 如果物料或供货方不合格，则向采购员发出退货单。

⑥ 如果检验合格，则进行物料接收处理，根据物料检验单修改物料主文件中的现有库存量，试画出数据流程图。

（3）某货运站的收费标准如下。

① 收费地点在本省，则快件每公斤6元，慢件每公斤4元。

② 收费地点在外省，则在25公斤以内（含25公斤）快件每公斤8元，慢件每公斤6元；如果超过25公斤时，快件每公斤10元，慢件每公斤8元。

试根据上述要求，绘制确定收费标准的决策表和决策树，并配以简要文字说明。

第5章 管理信息系统运行管理与系统维护

【学习目标】

- 掌握管理信息系统运行管理的目标和内容
- 掌握管理信息系统维护的目标和内容
- 理解和掌握信息管理机构的组织形式
- 理解和掌握信息部门的人员构成
- 理解和掌握信息系统运行管理的相关制度
- 理解管理信息系统的质量评价的内容
- 掌握管理信息系统经济效果评价的主要指标
- 理解信息系统评价报告书写的基本思路、组成部分

5.1 信息系统的运行管理和维护

信息系统建设是一项长期的工作，如何充分有效地开发利用组织内外的信息资源，加强信息系统资源的管理以强化竞争实力并获得竞争优势，已成为现代组织管理的重要任务。对信息系统资源的管理可以从信息系统运行和维护管理的角度去考虑。信息系统是一个面向社会、服务于管理领域的人机交互系统，信息系统的效益需要人机双方不断努力才能发挥出来，其中人的一方起着积极的、主动的作用，这主要体现在信息系统开发完成后，人们还有大量的工作需要做，包括运行管理制度、系统质量评价和效益分析、信息系统维护等。

5.1.1 信息系统运行管理

1. 信息系统运行管理的目标

管理信息系统的运行管理工作就是对管理信息系统的运行进行控制，记录其运行状态，进行必要的修改与扩充，以便使管理信息系统真正符合管理决策的需要，为管理决策者服务。需要注意的是，管理信息系统的运行管理决不是指对计算机设备和其他附属设备的日常维护与维修。对机器设备的管理只是管理信息系统运行管理的小部分工作，这只属于硬件保障的范畴，除此之外，运行管理还包含软件管理、数据管理等。

管理信息系统的运行管理的目标是通过对管理信息系统进行有效的科学的管理与维护，使管理信息系统在一个预期的时间内真正发挥为管理者提供信息的作用，产生其应有的效益。

2. 信息系统运行管理的内容

管理信息系统的运行管理工作是管理信息系统研制工作的继续，其任务和内容围绕着它的

目标展开，主要包括如下三个方面的工作。

（1）信息系统日常运行的管理。管理信息系统投入使用后日常工作量巨大，运行管理人员必须完成数据的准备工作、例行的信息处理与信息服务工作、硬件设备的运行与维护和系统的安全管理等工作。

① 数据准备工作。对管理信息系统来说，最重要的资源是数据，一切硬件、软件以及其他资源都是为了保证数据的及时、完整和准确，整个管理信息系统的效率和对外的形象都依赖于它所保存的数据。如果系统数据收集工作做不好，整个系统的工作就成了“空中楼阁”。所以数据准备工作是管理信息系统日常运行管理中的重要环节之一。

管理信息系统在运行中需要将大量的数据录入到系统中，由系统完成处理、存储或统计工作。那么这些数据在进入系统之前要经过数据收集、数据校验和数据录入三个必要的环节。因此，信息收集过程流程图如图 5-1 所示。数据收集是数据准备工作的第一个环节。最开始的原始数据往往是分散在企业的各个部门，因此它的收集工作也是由各个部门的管理人员或工作人员来完成的。由于这个原因必然造成数据收集工作在组织管理上的难度，数据收集得不够完整就会造成信息链的脱节；数据收集得不够及时就会造成统计工作的失真，就不会达到管理信息系统运行管理的目标，从而造成管理和决策的偏差。因此企业的管理者和系统主管人员应该努力通过各种方法，提高数据收集人员的技术水平和工作责任心，对他们的工作进行评价、指导和帮助，以便提高所收集数据的质量，为管理信息系统运行管理工作打下坚实的基础。数据校验是数据准备工作的第二个环节。对于规模较小的系统，数据校验工作往往由系统管理人员自行完成，而当系统规模较大时，一般需要设立专职数据校验人员来完成这一任务。数据收集人员一般来说由业务人员担任，在行政方面不隶属于与信息处理的专职部门。因此，数据校验这种“数据把关”的工作是不可缺少的。数据录入是数据准备工作的第三个环节。录入人员的责任在于把经过校验的数据录入计算机，工作要求迅速且准确。录入人员不承担对数据在逻辑上、具体业务中的含义进行考证的责任，这一责任是由校验人员来承担，录入人员只需要保证送入计算机的数据与纸面上的数据严格一致。因此，决不能跳过校验工作直接由录入人员完成数据收集过程。

图 5-1 信息收集的过程

② 例行的信息处理和信息服务工作。在数据录入到管理信息系统后，管理信息系统开始进行例行的信息处理工作，例如：数据统计分析、数据保存与复制、数据的更新、报表的生成与输出等。操作人员要严格按管理信息系统使用说明书要求的操作步骤和规则完成各项操作。信息系统的主管人员要做好对操作人员的培训、指导和帮助工作。

③ 硬件的运行与维护工作。硬件设备是管理信息系统正常运行的物质基础，如果没有人对计算机等硬件设备进行日常的运行维护，那么设备就很容易损伤，造成管理信息系统使用的中断。硬件设备的运行维护工作包括：设备的使用管理、各种耗材的使用管理（如软盘、打印纸等）、电源及工作环境的使用管理、备品配件的准备和使用以及定期检修等。同时在人员配备方面，对于大型计算机要安排较多的专职人员来负责，对于微型计算机可以安排几个专职人员或者兼职人员来负责。

④ 系统的安全管理工作。系统的安全管理工作是日常工作的重要内容之一，是为了防止系统外部对系统资源不合法的使用和访问，保证系统的硬件、软件和数据因偶然或者人为的因素遭受破坏、泄露、修改或者复制，维护正常的信息活动，保证信息系统安全运行所采取的手段。信息系统的安全性体现在保密性、可控制性、可审查性和抗攻击性四个方面。

上述四项任务是管理信息系统日常运行管理中必须切实完成、认真组织的工作，如图 5-2 所示。作为企业信息系统的管理人员，必须全面考虑上述问题，组织相关人员按规定的程序实施，并严格要求。否则，管理信息系统将很难发挥其应有的实际效益。除上述例行的工作外，常常还会有一些临时的信息处理和服务的要求，例如：临时的查询、统计、报告等。所以，信息系统管理人员要不断积累经验，寻找规律，在工作中注意总结提炼，以满足各种信息服务的要求。

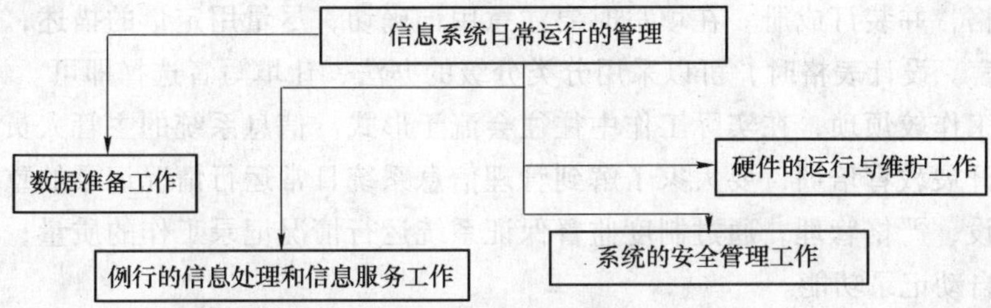

图 5-2　信息系统日常运行的管理

（2）系统运行情况的记录。管理信息系统日常运行情况的积累是对管理信息系统进行有效的管理和科学的评价的重要依据，也是从事管理信息系统管理工作的专业技术人员进行实践数据收集，开展深入研究的宝贵资料。企业的信息系统管理人员常常重视系统发生故障时对有关情况和资料的记载，而忽视了系统正常运行情况下对管理信息系统日常工作情况的记录，且无法保证这种记录的全面性、完整性和及时性。因此，信息系统的主管人员应该从系统运行的一开始就注意积累系统运行情况的详细材料。

在信息系统的运行过程中，需要收集和积累的资料包括以下五个方面。

① 有关工作数量方面信息的记录。管理信息系统的工作数量既可以反映信息系统的工作负担，也可以反映信息系统所提供的信息服务的规模。例如每天开关机的时间、应用系统进入的情况、天周月年数据的录入量、系统中积累的数据量、单位时间内提供的报表数量等都是有关工作数量的信息。

② 有关工作效率方面信息的记录。管理信息系统的工作效率即信息系统为了完成所规定的工作，占用了多少人力、物力及时间。例如，向某个部门的管理人员提供某一个方面的统计报表，管理信息系统用了多少时间、多少人力。在市场竞争日益激烈的今天，微利经营已成为不争的事实，企业在经营管理中越来越重视成本的最低化，通过对工作效率的总结记录，有利于管理信息系统在企业的进一步推广和深入应用。

③ 有关服务质量方面信息的记录。管理信息系统的服务质量主要包括提供信息是否满足管理的需要、是否及时、对报表的结构形式是否满意等。这部分的记录不可能完全由管理信息系统管理人员来完成，需要由使用者提供，信息系统管理人员可以通过定期或不定期访问或发放调查问卷的形式向使用者征集。

④ 有关系统维护修改情况的记录。管理信息系统中数据的更新、软件和硬件的维护和检修

等工作都要有详细的及时的记录，记录的内容一般包括：维护的时间、维护的部门、维护的内容以及执行维护人员的签字等。

⑤ 有关系统故障情况的记录。管理信息系统的故障不是指计算机本身的故障，而是对整个信息系统的故障。例如，由于数据收集不及时，使年度报表的生成未能按期完成，这是整个信息系统的故障导致而非计算机自身的故障。管理信息系统的故障，既包括硬件故障，又包括软件故障。在日常工作中信息系统管理人员有重硬轻软的现象，这是非常错误的。同样，收集来的原始数据有误也不是计算机的故障，然而这些错误的类型、数量等统计数据是非常有用的资料，其中包含的有益信息，对整个系统的扩充和发展起着重要的意义。

故障无论大小，都应及时记录。故障记录的内容一般包括：时间、部门、现象、故障发生时的工作环境、处理方法和结果、善后措施以及原因分析等。管理信息系统运行情况的记录要采用固定的表格，并装订成册。在填写时要注意用词确切，尽量用定量的描述，避免使用含糊或有歧义的语言。设计表格时，可以采用分类分级的办法，让填写者选择即可。

由于该项工作较烦琐，在实际工作中往往会流于形式。信息系统的主管人员要特别注意，一是要经常地开展教育培训，要大家了解到管理信息系统日常运行情况记录的重要意义；二是要加强制度建设，严格管理，通过制度监督保证系统运行情况记录工作的质量；三是在管理信息系统中设置自动记录功能。

以上五个方面中，通常在正常情况下的运行数据比较容易被忽略。因为发生故障时，人们往往比较重视对相关的情况及时记载，而在系统正常运行时则不那么注意。事实上，要全面地掌握系统的情况，必须十分重视正常运行时的情况记录。如果缺乏平时的工作记录，就无从了解瞬间的情况。如果没有日常的工作记录，则可靠性程度的平均无故障时间指标就无从计算。

（3）对管理信息系统运行情况的检查与评价。对管理信息系统运行情况的检查与评价是对管理信息系统当前各项性能的测评和总结，也是为今后对信息系统进行改进和扩展提供依据。其目的是为了估计管理信息系统的技术能力、工作性能和系统的利用率。

对管理信息系统进行评价一般要考虑以下四个方面的因素。

① 对管理信息系统是否达标的评价。管理信息系统是否达到了预期的各项目标、计划目标是否需要修改，这是首要评价的指标之一。在这方面需要做的工作有通过现场观察、座谈、审计运行日志、统计分析等方式检查计划目标的合理性和有效性，考察随时间变化、环境变化和需求变化管理信息系统是否还能满足各级管理者的需求，最后还要给出相应的结论和修改意见。

② 对管理信息系统适应性和安全性的评价。由于管理信息系统中处理和存储的数据，既有日常业务信息，又有涉及到国家安全的政治、经济和军事信息以及企事业单位和个人的机密和敏感信息，因此，对管理信息系统的适应性和安全性进行评价是非常必要的。管理信息系统的适应性主要指信息系统运行的稳定性和可靠性、信息系统使用和维护的便捷性以及运行效率是否能够满足管理人员的管理需求等。随着计算机犯罪和网络攻击的出现，管理信息系统的安全性越来越受到人们的重视。

③ 对管理信息系统经济效益的评价。当产出大于系统投入时，说明管理信息系统是一个成功的、有益的系统，如果产出小于或等于投入时，则要考虑是否重新开发新的管理信息系统。管理人员对管理信息系统经济效益的评价往往着重于短期利益，而忽略了间接的、中长期的、无形的经济效益。

综上所述，对系统运行情况的检查与评价工作一般是在企业高层领导的直接领导下，由系统分析员、审计人员、开发人员和各部门负责人员共同参与。通过检查、审计和评价，如果管理信息系统基本适应需要但需改进的，则要做好管理信息系统的维护工作，如果确认管理信息系统不能满足需要的，则说明该管理信息系统已经完成了它的生命周期，必须提出新的开发需求，开始新的管理信息系统的生命周期，整个开发过程又回到系统开发的最初阶段。

3．信息系统运行管理的组织与人员

（1）信息系统运行管理的组织。有效地组织好信息系统运行对提高管理信息系统的运行效率是十分重要的。信息部门参与企业运营的情况及对应的组织形式反映了信息部门在企业的地位和作用。

目前，信息管理机构共经历了以下三种组织形式。

① 零散组织形式。使用这种组织设置的各部门都拥有自己独立的信息系统，部门内部有微机室来完成相关信息管理工作，各系统内部资源不能为企业的其他部门所共享，如图 5-3 所示。这对加快部门的信息处理速度、提高部门的工作效率发挥了重要的作用，但相应地也导致了部门管理的局限性，制约了企业信息资源的综合应用。

② 并行组织形式。鉴于零散组织形式下的部门管理的局限性，在并行组织结构下信息系统的管理机构开始独立出来，与企业其他部门并行，享有同等的权利，如图 5-4 所示。这改变了零散组织形式下各部门信息系统各自为政的情况，信息资源可以为整个企业共享，但由于部分管理的并行性也相应地导致信息部门的决策能力较弱，管理信息系统开发、运行维护中的协调和决策工作也会受到影响。

③ 核心组织形式。这种方式是零散组织形式和并行组织方式的结合体。一方面信息部门独立存在于各业务部门之外，另一方面各业务部门也设立自己的信息处理室（IS 室），配备专人负责该业务部门的信息系统业务，这个专人或 IS 室归信息部门领导，如图 5-5 所示。这种结合方式既有利于加强信息管理和资源的共享，并且能深入了解并满足各业务部门的需要，又能够在系统开发、运行维护过程中便于协调和决策，一举双得。

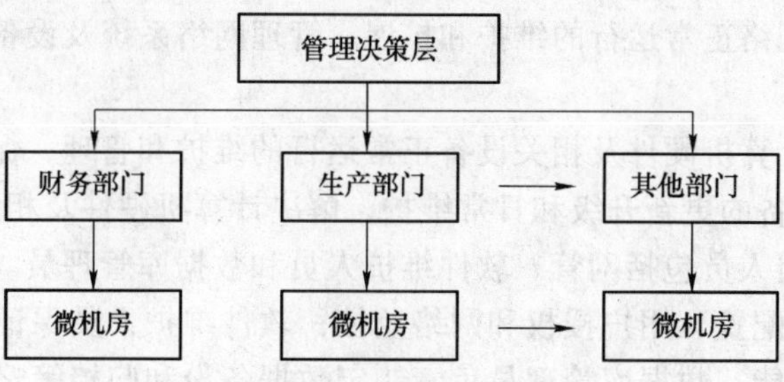

图 5-3　零散组织形式

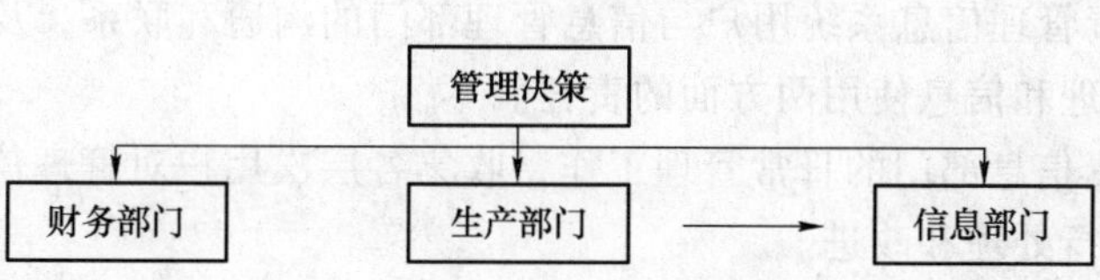

图 5-4　并行组织形式

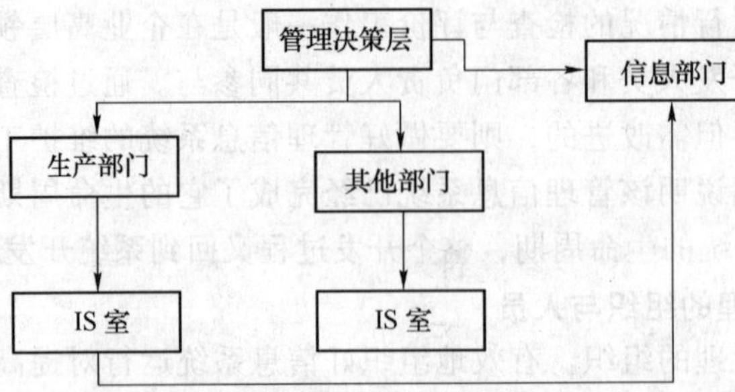

图 5-5 核心组织形式

（2）信息系统运行管理的人员。由于信息系统需要运用先进技术为管理工作服务，其工作必须要涉及多方面的、具有不同知识水平及技术背景的人员。这些人员在系统中需要各尽其责、互相配合，共同实现系统的功能。这些人员能否发挥各自的作用，他们之间能否互相配合、协调一致，是系统成败的关键之一。因此，人员管理好坏是系统能否发挥作用的关键，没有好的人员管理，分工协作失效，人机系统的整体优化将只是一句空谈。

在管理信息系统的运行管理期间，信息部门的人员构成可划分为 5 个分组，如图 5-6 所示。

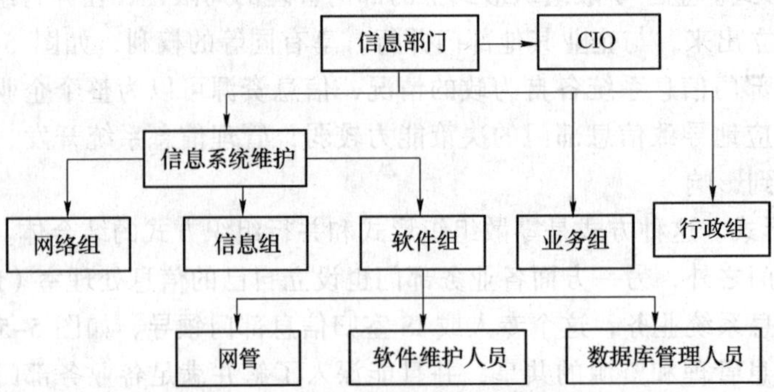

图 5-6 信息部门的人员构成图

① 网络组。负责网络正常运行的维护和扩展，管理网络系统及设备的安全，具备网络问题诊断和初步解决能力。

② 硬件组。负责计算机硬件及相关设备正常运行的维护和管理，保证计算机硬件及相关设备的安全，组织硬件设备的更新升级和日常维护，解决计算机硬件及相关设备的故障。

③ 软件组。软件组人员包括网管、软件维护人员和数据库管理员。其中，网管负责操作系统级的服务器资源优化配置、用户授权和网络监控；软件维护人员保证软件系统的正常运行，更新和完善信息系统功能；数据库管理员负责制定数据备份和归档策略，确定数据备份和归档方案，发生系统灾难时负责数据恢复，确保输入数据的正确性。

④ 业务组。负责管理信息系统用户与信息管理部门的沟通和联系，及时向信息管理人员反馈信息，具有业务管理和信息使用两方面的责任。

⑤ 行政组。负责信息部门的日常管理工作，收集各层次用户对管理信息系统应用的意见，及时通知有关小组进行处理和改进。

除此之外，信息系统还专门设置了首席信息官职位（Chief Information Officer，CIO）。首席信息官是负责制定组织的信息发展战略、标准和程序，对整个组织的信息资源进行管理和控制的高级行政管理人员。从人员配备方面，作为首席信息官不仅是技术专家，同时还是企业管理变革的领导者，因此首席信息官需要具备很高的领导能力，以调用各方资源，与企业各方（如CEO、CFO）进行沟通来推进信息化。从工作职责方面，首席信息官不仅要从企业信息的综合开发角度制定和执行企业信息化战略规划，而且需要对信息管理相关工作进行协调与沟通。首席信息官要从企业目标出发，整合信息资源，对企业内外各方面的信息进行综合处理和分析，得到对全局更为重要的信息和知识，提供给相关管理部门，尤其是企业高层管理人员，以支持企业决策,保持并创造企业的竞争优势，进而帮助企业利用IT降低成本、提高效率，实现战略经营目标。

（3）信息系统运行管理制度。企业启用新管理信息系统后，便进入了长期的使用、运行和维护期。为保证系统运行的正常工作，就必须建立和健全各项规章制度，这是今后实施有效管理、科学管理的重要依据，也是管理信息系统正常运行的重要保障。这里需要强调的是，在实际工作中制度的建立不存在隐患问题，问题往往出在对制度执行情况的监督检查环节，如果监督检查环节没有实施就等同于没有建立制度。所以信息管理职能部门的负责人要做好制度的监督检查工作，只有这样才能保证管理信息系统为各层管理服务，充分发挥信息资源的作用。

信息系统运行管理制度是系统正常运行的有效保障。相关管理制度主要包括如下内容。

① 信息系统运行的机房管理制度。机房是指企事业单位管理信息系统的中心结点，即服务器、核心交换机等设备存放的房间。信息系统网络中工作站的计算机一般安装在各部门工作人员的办公室，不属于机房范畴。机房的管理制度一般包括如下三个方面的内容。

a. 安全方面的制度。主要包括进入机房人员范围的规定、出入机房办理手续的规定、出入机房携带物品的规定、监控及报警系统的使用规定和消防安全方面的规定等。

b. 操作方面的制度。主要包括日常操作规程、异常情况处理规程、防病毒等计算机安全方面的规定。

c. 环境方面的制度。主要包括机房供电系统方面的规定、机房“四度”方面的规定（温度、湿度、洁净度、照度）等。

机房要由专人管理。机房管理制度要正式行文，汇编成册，并在机房明显位置进行张贴。

② 信息系统运行制度。管理信息系统的运行管理在实际工作中常常随时间的推移被忽视，经常出现不按规程操作等问题。信息管理职能部门的负责人要加强对管理信息系统运行管理工作的监督，使每个操作计算机的人员养成遵守管理制度的习惯。管理信息系统运行管理制度一般包括如下两个方面的内容。

a. 数据管理方面的制度。主要包括数据修改更新的权限制度、数据恢复备份制度等。

b. 运行操作方面的制度。主要包括工作站日常操作规程、异常情况处理规程、设备故障报修制度、定期检修制度等。管理信息系统运行管理制度要正式行文，汇编成册，并在执行制度的岗位的明显位置进行张贴。

③ 信息系统运行日记制度。管理信息系统运行过程中的日记资料，是查找管理信息系统故障的线索，也是今后审计和评价管理信息系统的重要依据。所以要从表格设计、填写的源头上抓好制度建设工作。管理信息系统运行日记制度一般包括如下两个方面的内容。

a. 日记的内容方面。要规范日记的内容，日记的内容一般包括：时间、操作人、运行情况、异常情况、值班人签字和负责人签字等。要设计成表格并装订成册。特别是异常情况的记录要设计得更为周密，可以和前面的日记共用一张表格，也可单独设表，但无论采用哪种方式，表中的项目要尽量详细。异常情况的记录内容一般包括：发生时间、现象、处理人、处理过程、处理记录文件名、在场人员等。

b. 日记的管理方面。主要包括：填写要求制度、监督与责任制度、存档保存制度和复印查阅制度等。管理信息系统运行日记制度要正式行文，汇编成册，并在执行制度的岗位的明显位置进行张贴。

5.1.2 信息系统维护

1. 信息系统维护管理的目标

管理信息系统的维护是为了应付管理信息系统的环境和其他因素的各种变化，保证系统正常工作而进行的一切活动。它包括系统功能的改进和解决在系统运行期间发生的一切问题和错误。无论在新系统交付使用前还是在交付使用后，系统维护工作始终需要进行，这是管理信息系统运行管理的重要内容。运行与维护阶段的主要任务是做好系统的管理和维护工作，根据环境变化和用户需求不断修改、扩充，使新系统更加完善，保证新系统经常处于良好运行状态。

系统维护的目的就是为了保证系统正常、可靠地运行，并能使系统不断得到改善和提高，以充分发挥作用。或者说，系统维护就是为了保证系统中的各个要素随着环境的变化，始终处于最佳的和正确的工作状态。这是系统生命周期的最后一个阶段，也是很重要的一个阶段，新系统是否有生命力取决于这一阶段的工作。随着管理信息系统应用的深入，以及使用寿命的延长，系统维护的工作量将越来越大。系统维护的费用往往占整个系统生命周期费用的60%以上，因此有人曾以浮在海面上的冰山比喻系统开发与维护的关系，系统开发工作如同冰山露出水面的部分，因为容易被人看到，所以重视这一部分，而系统维护工作如同冰山浸在水下的部分，其体积远比露出水面的部分大得多，但由于不容易被人看到而常被忽视。从另一方面看，和具有“开创性”的系统开发工作相比，系统维护工作属于“继承性”工作，挑战性不强、成绩不显著，使很多技术人员不安心于系统维护工作，这也是造成人们重视开发而轻视维护的原因。

因此，管理信息系统运行与维护的目标，可以归纳为保证新系统的正常、可靠、安全地运行，并不断完善系统，以增强系统的生命力，延长系统的生命周期，不断提高企业的管理水平，为企业创造经济效益。

2. 信息系统维护管理的内容

管理信息系统的维护管理的内容围绕着它的目标展开，主要包括如下三个方面的工作。

（1）硬件系统的维护。硬件系统的维护是指对主机以及外设的维护和管理。硬件维护的目的是尽量减少硬件的故障率，当故障发生时，能在尽可能短的时间内恢复工作。硬件系统的维护应该由专门的硬件维护人员负责，主要分为硬件系统更新和故障维护，如图5-7所示。因此，在很多情况下需要同硬件厂商合作来共同完成系统维护工作，定期制定更新计划。对于管理信息系统的硬件系统，系统维护不仅要处理突发性的故障处理，日常维护工作也需要进行定期的预防性维护，例如在每周或每月固定的时间对系统硬件进行常规性检查和保养。定期地进行硬件系统的维护可以减少以后的系统维护工作量，降低维护的费用。

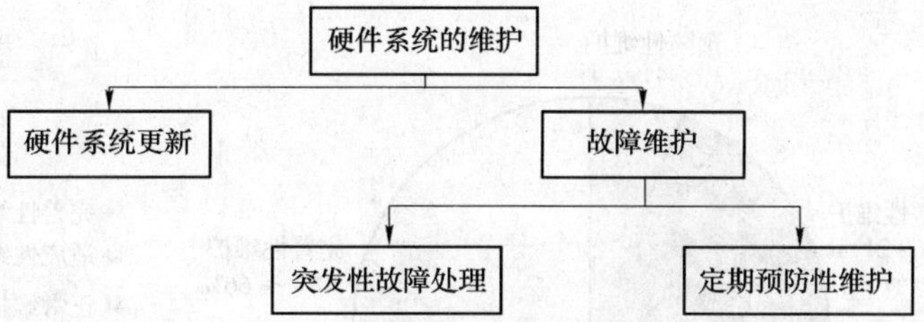

图 5-7　硬件系统的维护类型

（2）软件系统的维护。软件维护是管理信息系统维护的重要内容，搞好软件维护有两个关键：第一，在新系统开发过程中就应保证软件代码的质量，尤其是可维护性，同时还应有与代码一致的开发文档，这是软件维护的基础和保证；第二，有一支胜任工作的系统维护队伍。很多企事业单位的管理信息系统是委托协作单位开发的，但系统维护也依靠他们是远水不解近渴的，必须培养本单位的员工担负起系统维护的工作。

软件系统的维护涉及系统软件维护和应用软件维护两个方面。系统软件的维护可参考具体的系统软件使用、维护说明书。这里所讲述的软件维护一般指应用软件维护。

应用软件的维护包含：正确性维护、适应性维护、完善性维护和预防性维护。

① 正确性维护目的是为了保证系统功能的正确。维护内容包括在系统测试阶段尚未发现的错误、键盘屏蔽不全面引起的输入错误和以前未遇到过的数据输入组合或数据量增大引起的错误。

② 适应性维护目的是对软硬件的升级，保证系统的性能。适应性维护是为了使系统适应环境的变化而进行的维护，约占维护活动的 25%，如图 5-8 所示。维护内容包括制定维护工作计划、对维护后的软件进行测试、应用软件功能的完善和改进以及网络系统（计算机硬件或操作系统）的升级、更新。一方面，计算机硬件的更新周期越来越短，新的操作系统和原来操作系统的新版本不断推出，外部设备和其他系统部件经常有所增加和修改，这就必然要求管理信息系统能够适应新的软硬件环境，以提高系统的性能和运行效率。另一方面，机构的调整、管理体制的改变、数据与信息需求的变更等都将导致系统不能适应新的应用环境。如编码改变、数据结构变化、数据格式以及输入/输出方式的变化、数据存储介质的变化等，都将直接影响系统的正常工作。因此有必要对系统进行调整，使之适应企业环境的变化，以满足用户的要求。

③ 完善性维护目的是为了扩展和改善系统功能，是为了改善系统的性能或者扩充应用系统的功能而进行的维护，这些系统的性能或功能要求一般是在先前的功能需求中没有提出的。在系统的使用过程中，用户往往要求扩充原有的功能，或提高其性能，如增加数据输出的图形方式、增加联机在线帮助功能、调整用户界面等，这些要求在需求规格说明书中没有，属于用户需求在原有系统的基础上进一步改善和提高的内容。随着用户对系统的使用和熟悉，这种需求可能会不断提出。为了满足这些需求而进行的系统维护工作就是完善性维护，即完善性维护是指为了满足用户新的需求而进行的功能扩充或优化方面的开发活动。这种类型的维护是系统维护的主要形式，工作量最大，约占维护活动的 50%，如图 5-8 所示。

一些软件工程师还提出了第四种软件维护活动，即预防性维护。预防性维护是为了提高软件未来的可维护性、可靠性，或为未来的修改与调整奠定更好的基础而修改软件的过程。

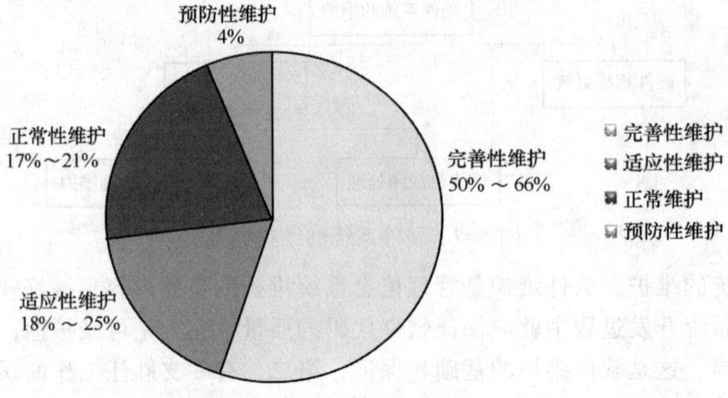

图 5-8　软件维护的时间比例

（3）数据的维护。系统的业务处理对数据的需求是不断变化的，要经常对文件或数据库进行修改（不包括正常更新），增加数据库的新内容和建立新的文件等。数据的维护主要包括：数据备份、数据恢复和数据归档。数据备份是指将计算机硬盘上的原始数据（程序）复制到可移动介质上，如磁带、光盘、移动硬盘等。数据恢复是数据备份的逆过程，即将备份的数据再复制到硬盘上的操作。数据归档将硬盘数据复制到可移动介质上，并在完成复制工作后将原始数据从硬盘上删除，释放硬盘空间。

数据备份与数据恢复主要是为了应对因介质、操作系统、应用软件和其他环境原因导致重要数据库文件严重损坏、系统运行瘫痪等灾难的发生。数据归档一般是在一个时间周期结束或一个项目完成时将相关数据保存到可移动介质上，以备日后查询和使用，同时释放硬盘空间。

5.2　信息系统的评价

新系统的建立花费了大量的资金、人力和物力，系统性能究竟怎样不仅对用户来说是重要的，也是系统开发人员所关心的。只有对新系统质量进行全面考核，才能回答这些问题。新系统不可能尽善尽美，通过评审可以发现问题，解决问题，进行必要的修改与维护。

系统评价是对一个管理信息系统的性能进行估计、检查、测试、分析和评审，包括用实际指标与计划指标进行比较，以及评价系统目标实现的程度。严格地讲，在管理信息系统开发的整个过程中，每当完成了一个工作阶段或步骤，都应该进行评价。对新系统的全面评价是系统运行了一段时间之后进行的。

对企业应用项目的评价，一般都会从技术和经济两方面进行。要么是在一定的经济条件下，获得尽可能多的系统功能和尽可能高的系统性能；要么是在满足一定功能和性能要求的条件下，尽可能地节省消耗，提高效率。因此，对管理信息系统评价一般包括质量评价和经济效益评价，同时作为应用于社会的人机应用系统，还要进行社会效益的评价。

5.2.1　信息系统的质量评价

系统质量和实用性评价的内容包括：

（1）系统的应用是否使采购、销售、生产、管理等的工作效率有所提高；

（2）系统的使用人员对系统的满意程度如何；

（3）系统的运行是否稳定；

（4）系统的使用是否安全保密；

（5）系统运行的速度如何；

（6）系统的操作是否灵活、用户界面是否友好；

（7）系统对误操作的检测和屏蔽能力如何等。

5.2.2 信息系统的经济效益评价

经济效益是企业首先要探究的问题。经济效益评价主要包括对企业信息化成本和效益的比较研究，如许多企业将投资经济效益系数作为衡量管理信息系统经济效益的基本指标，以确定系统运行后经济效益的提高等。

使用新系统后产生的经济效果是评价新系统的一个决定性因素，对管理信息系统进行经济效果评价的主要指标有间接效果和直接效果。

1. 间接效果

间接经济效益是指应用管理信息系统给企业带来的管理变革、企业管理决策水平的提高，从而为企业创造的经济效益。管理信息系统的经济效益通常主要体现在其运行过程中所产生的间接经济效益。

管理信息系统与其他先进技术的应用一样，必然会给企业带来一系列的变化，促进管理工作的进一步科学化，这类综合性的经济效益称为系统的间接经济效益，这种效益是无法用具体统计数字计算出来的，只能作定性分析。衡量管理信息系统的间接经济效益应从以下五个方面进行评价。

（1）管理体制是否进一步合理化。任何一个企业都是由技术、生产、经济、组织等多个子系统组成的复杂的整体系统，企业的各个环节都是相互衔接、相互配合和相互制约的。我国现行的企业管理体制和组织机构中还存在着诸多弊端。管理信息系统实行了信息资源的集中管理，应该加强纵向和横向的业务联系，做到纵横结合，使各职能部门在分工的基础上相互协调一致。管理信息系统实质上是尽可能实现完善的信息管理，它与现行的管理方式是有区别的。管理信息系统在实现信息管理的同时，也使企业的管理体制进一步合理化。

（2）管理方法是否进一步科学化。管理信息系统的建立，应该使企业的经济管理由静态变为动态管理。评价时需审查来之不易的信息系统是否辅助和加强了以计划和控制为核心的动态管理。

（3）管理基础数据是否进一步科学化。和手工信息处理系统不同，录入管理信息系统的数据应该及时和正确。反过来，管理信息系统的运行，应该促进基础数据管理向统一化、规范化的方向发展。

（4）管理效果是否进一步最佳化。管理信息系统辅助企业管理，应当促使管理人员更多地应用经济数学方法和定量分析技术，如生产计划的方案优化和产品销售的统计预测等，从而使定性决策变为定量决策。

（5）管理人员的劳动性质是否发生了变化。这方面的评价主要是看管理信息系统运行之后，是否把管理人员真正地从繁杂的数据处理（如记账、汇总）中解脱出来，并且能否帮助管理人员从事更有创造意义的分析与决策活动。

为了对管理信息系统的间接经济效益作出正确评估，可以采用专家评估或直接调查的方式进行。

2. 直接效果

直接经济效益是应用管理信息系统而直接产生的成本的降低和收入的提高，一般采用经济效益评价方法进行评价。例如：计算由于系统应用带来的利润增长、计算投资回收期、投资效果系数法、德尔菲专家评审法等。

管理信息系统直接经济效益的基本指标是年经济效益的变化。直接经济效益主要取决于下列要素：系统正式投入运行后，因合理地利用现有的资源而使产品产量有了增加；因减小工时损失和生产设备停工损失，而使劳动生产率提高，产品生产周期缩短；因改善组织管理，而减少了物资储备，提高了产品质量，降低了非生产费用等。

上述因素可用一些综合性指标进行计算。常用的评价指标有：年利润增长额（年节约额）、年经济效益、系统的投资效益系数、投资回收期等。

5.2.3 信息系统评价报告

系统评价的结果应形成正式的书面文件，即系统评价报告。该报告应包括以下几个方面的内容：

（1）系统的名称、结构和功能；

（2）任务提出者、系统开发者和用户；

（3）有关文档资料；

（4）经济效益评价；

（5）系统性能评价。

（6）综合评价：提出对各类指标的综合评价结果，系统存在的问题及改进意见。

【案例分析】

某高校 2011 年 10 月已近 10 万元人民币的价格购置某通用型管理信息系统，该管理信息系统系南方某重点大学研制开发，且在该大学使用近五年。购置后，首先建立了管理信息系统运行管理的组织机构，该机构设在学校教务处，由教务处处长兼任信息系统管理职能部门负责人，教务处内设一名副主任担任信息系统主管人员，数据收集、校验和录入人员由各系部教学秘书担任。该管理信息系统功能强大，在开发单位使用五年中，该系统承担了万余名在校生、近 40 个系部的教学管理、学籍管理、简单学生管理和公寓管理工作，基本代替了原有的手工纸介质操作。而购置单位使用近两年来只使用了该系统的 20%的功能，主要局限在排课和课表生成、学生评教和成绩查询几个方面。用户授权比较随意，整个管理信息系统运行使用各环节无文档记录，可以说该管理信息系统在购置单位没有充分发挥作用，更谈不到收益。通过本案例不难看出，无论多么优秀的管理信息系统，要想让它最大化的发挥效率，都必须从使用、管理入手，只有真正使用好、管理好管理信息系统，才能使它发挥最大的作用，从而实现开发和购置管理信息系统的最初初衷。

（资料来源：http://down.manaren.com）

案例思考题

结合所学的知识，回答实现管理信息系统运行管理需要进行哪些工作？

【本章小结】

通过本章学习，学生应掌握管理信息系统运行管理和系统维护的目标和内容，掌握信息系统运行管理的组织与人员，能够对信息系统进行质量和经济效益评价，并完成信息系统评价报告。

信息系统投入运行后，组织进入了系统运行阶段。运行阶段是信息系统接受实践检验的阶段，对系统的评价、管理、维护与升级是这一阶段的主要内容。信息系统就像机械设备一样，需要不断地维护才能保证信息系统的正常运行，需要有效地评价才能改进或完善信息系统的系统性能和经济效果。随着信息技术的发展和企业管理水平的提高，管理人员对信息系统的功能和安全性方面有着更高的要求，因此在信息系统运行阶段，对系统进行评价、提出改进建议、维护升级等要求越来越受到企业的高度重视。

【关键术语】

信息系统运行管理与系统维护　运行管理的组织与人员　CIO　信息系统运行管理制度　系统质量评价　系统经济效益评价　系统评价报告

复习思考题

1. 简述管理信息系统运行管理的目标与内容。
2. 简述管理信息系统维护的目标与内容。
3. 简述运行管理制度的建立与实施。
4. 简述管理信息系统运行管理人员分类以及 CIO 的主要职责。
5. 什么是管理信息系统的评价？简述管理信息系统评价的分类和内容。
6. 根据管理信息系统评价报告基本要求，请结合具体实例设计信息系统评价报告。

第6章 管理信息系统在企业中的典型应用

【学习目标】

- 掌握管理信息系统在现代企业和社会组织中的应用技术及发展现状
- 理解和掌握企业资源计划务的基本概念和组成
- 理解和掌握客户关系管理的基本概念和组成
- 理解和掌握供应链管理和电子商务的基本概念和组成
- 了解信息系统典型应用的之间的相互联系及区别

6.1 企业资源计划

ERP(Enterprise Resource Planning) 是企业资源计划的简称，是 20 世纪 90 年代美国一家 IT 公司根据当时计算机信息、IT 发展及企业对供应链管理的需求，预测今后信息时代企业管理信息系统的发展趋势和即将发生的变革而提出的概念。

从管理思想的角度看，ERP 是一种管理理念，是建立在信息技术的基础上，用系统化的管理思想为企业决策层及员工提供决策运行手段的管理平台。

从软件产品角度看，ERP 综合应用了 B/S、B/C 体系、大型关系数据库、面向对象技术、图形用户界面、第四代语言（4GL）、网络通信等信息技术成果，是面向企业信息化管理的软件产品。

从管理信息角度看，ERP 是整合企业管理理念、业务流程、基础数据、制造资源、计算机硬件和软件于一体的企业资源管理系统。

综上所述，ERP 是针对物资资源管理（物流）、人力资源管理（人流）、财务资源管理（财流）、信息资源管理（信息流）集成一体化的企业管理软件。它是以管理会计为核心的信息系统，将企业所有资源整合在一起，对采购、生产、成本、库存、分销、运输、财务、人力资源进行规划，从而达到最佳资源组合，使企业获得最高利益。ERP 不仅是一种软件，而且是一种先进的企业管理思想和管理模式。

6.1.1 ERP 的产生背景

20 世纪 90 年代以来，由于经济全球化和市场国际化的发展趋势，生产制造业所面临的竞争更趋于激烈。以客户为中心、基于时间因素、面向整个供应链成为在新的形势下制造业发展的基本动向。

传统的企业经营战略是以企业自身为中心的。企业的组织形式是按职能划分的层次结构，企业的管理方式着眼于纵向的控制和优化。企业的生产过程是由产品驱动的，并按标准产品组成生产流程。客户对于企业的大部分职能部门而言都被视为外部对象，除了销售和客户服务部门之外的其他部门都不直接与客户打交道。在影响客户购买的因素中价格是第一位的，其次是质量和品牌，最后是交货期，于是企业的生产目标就依次为成本、质量、信誉、交货期。

以客户为中心的经营战略则要求企业的组织为动态的、可组合的弹性结构。客户和供应商被集合到供应链中，成为企业受控对象的一部分。在影响客户购买的因素中交货期成为第一位，企业的生产目标也转变为交货期、信誉、质量和成本。

实施以客户为中心的经营战略就要对客户需求迅速作出响应，并在最短时间内向客户交付高质量低成本的产品。这就要求企业能够根据客户要求迅速重组业务流程，消除业务流程中非增值的无效活动，使顺序作业转变为并行作业，在所有业务环节中追求高效率和及时响应，尽可能采用现代技术手段，快速完成整个业务流程，这就是基于时间的含义。而基于时间的作业方式的真正实现又必须扩大企业的控制范围，面向整个供应链，把从供应商到客户的环节都集成起来。

实施以客户为中心的经营战略涉及到企业的再造工程，企业的再造工程是对传统管理理念的重大变革。在这种观念下，产品不再是定型的，而是根据客户要求选配的；业务流程和生产流程不是一成不变的，而是针对客户需要，以减少非增值的无效活动为原则而重新组合的。这种需求变化是传统企业经营管理思想所难以满足的，而必须转向以客户为中心、基于时间、面向整个供应链为基本特点的企业资源计划系统，这就是 ERP 的客观需求背景。而面向对象的技术，计算机辅助软件工程以及开放的客户机／服务器计算环境又为实行这种转变提供了技术基础。于是，ERP 应运而生。

6.1.2　ERP 的发展过程

计算机技术特别是数据库技术的发展为企业建立管理信息系统，甚至对改变管理思想起着不可估量的作用，管理思想的发展与信息技术的发展是互成因果的环路。而实践证明信息技术已在企业的管理层面扮演越来越重要的角色。

信息技术最初在管理上的运用也是十分简单的，主要是记录一些数据，方便查询和汇总，而现在发展到建立在全球 Internet 基础上的跨国家、跨企业的运行体系。ERP 是一个庞大的系统，要讲清它的原理得沿着其发展的五个阶段讲起，如图 6-1 所示。

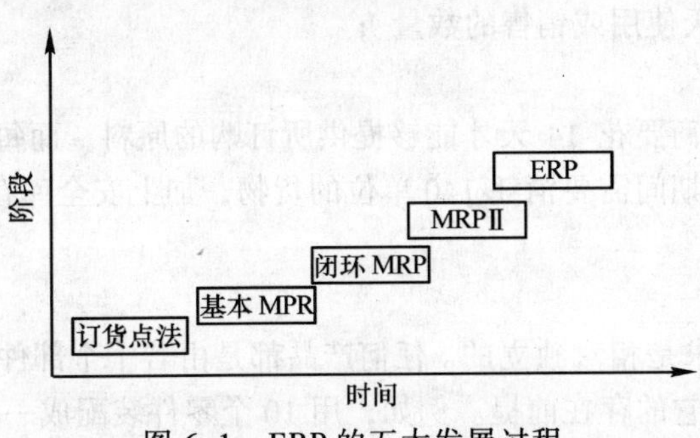

图 6-1　ERP 的五大发展过程

1．订货点法

20 世纪 50 年代初期，计算机技术的应用带来了信息处理的新纪元。订货点法是最早使用库存管理的方法，当库存量伴随着物料的消耗减少到一定量时需下达加工订单或采购订单，以确保库存量保持在安全库存水平。企业控制物料的需求通常采用控制数量的办法，为需求的每一种物料设置一个最大库存量和最小库存量。

最大库存量是为库存容量/库存占用资金的限制而设置的，而安全库存量则为最小库存量，这意味着物料的消耗不能小于安全库存量。因为物料供应需要一定的时间，不能等到物料的库存量消耗到安全库存量时才补充库存，必须有一个提前期。对于某种物料或产品，由于生产或销售的原因而逐渐减少，当库存量降低到某一预先设定的点时，即开始发出订货单（采购单或加工单）来补充库存。直至库存量降低到安全库存时，发出的订单所定购的物料（产品）刚好到达仓库，补充前一时期的消耗，此订货的数值点即称为订货点，如图 6–2 所示。

（1）基本条件：

假设条件：物料消耗相对稳定(均匀)、物料供应比较稳定、物料价格不是太高。

设置：一个最大库存量和一个最小库存量（安全库存）。

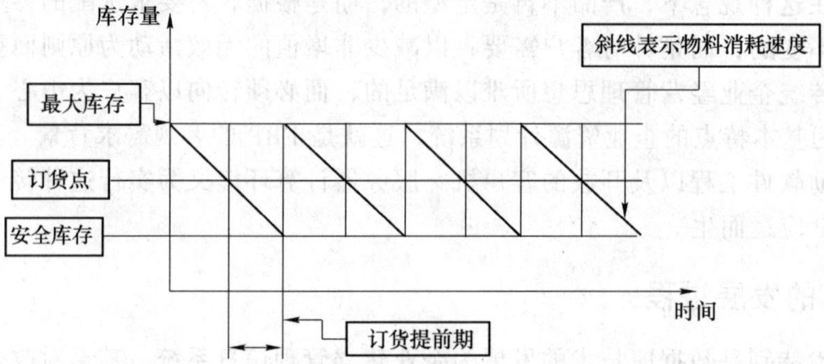

图 6–2　订货点法

（2）重新订货点公式：

$$R=L\times U+S$$

式中　R——重新订货点；

L——供应商交付周期（天）；

U——使用率（每天使用或销售的数量）；

S——安全库存水平。

举例说明：假设供应商要花 14 天才能够提供所订购的原料，而每天要使用 10 单位货物，那在等待供应商完成订单期间需要消耗 140 单位的货物，加上安全库存 16 单位货物，重新订货点为 156。

（3）订货点法缺点：

① 对各种物料的需求是相对独立的。任何产品都是由若干个部件组成，物料需求存在相互依赖关系，但这并不满足它的存在前提。例如，用 10 个零件装配成一件产品，每个零件的供货率都是 90%，而联合供货率却降到 34.8%。一件产品由 20 个、30 个甚至更多个零件组成的情况是常有的。如果这些零件的库存量是根据订货点法分别确定的，那么，要想在总装配时不发生零件短缺，则只能是碰巧的事。

② 物料需求是连续发生的。企业对物料不是稳定（连续）消耗的，生产计划随市场需求而发生变化。物料消耗存在不稳定性，可能一段时间需求大，要加速生产，大量消耗。假定最终产品是活动扳手。零件是扳手柄，原材料是扳手毛坯。活动扳手不是单件生产的，当工厂接到一批订货时就在仓库中取出一批相应数量的扳手柄投入批量生产。这样一来，扳手柄的库存量就要突然减少，有时会降到订货点以下。这时就要立即下达扳手柄的生产指令，于是又会引起扳手柄毛坯的库存大幅度下降。如果因此引起原材料库存也低于订货点，则对扳手毛坯也要进行采购订货。

③ 库存消耗之后应立即补充。在库存达到或低于订货点就立即订货，以保证一定存货，这是不合理的。这种方法没有考虑需求而定，在需求间断的时候，必然会造成大量的库存积压。

订货点法的实质是库存补充。发出订单和进行催货是当时库存管理所能做的一切。鉴于订货点法的缺陷，在订货点法的基础上，发展出物料需求计划(MRP)，较好地解决了何时订货的问题。

2．基本 MRP——物料需求计划（Material Requirements Planning）

20 世纪 60 年代中期，管理者认识到真正的需求是订货的交货日期，而订货点法的不足之处是没有按照各种物料真正需用的时间来确定订货日期，往往造成较多的库存积压。IBM 公司约瑟夫·奥列基博士针对制造业物料需求随机性大的特点，提出了物料需求计划（Material Requirements Planning，MRP）方案。该方案可以确定原材料和零部件的需求量和需求时间，排出生产计划，在满足生产的前提下有效均衡生产、降低库存、提高资金利用率、优化库存为管理目标，通过对产品结构的管理，借助计算机的运算能力及系统对客户订单、库存物流、产品构成、加工工时、生产能力的管理，按照产品清单计算物料需求，达到“既降低库存，又不出现物料短缺”的计划方法。后来，计算机技术的进一步发展为方案的实施提供了强有力的支持。

基本 MRP 的目标是控制企业的库存水平，确定产品的生产优先顺序，满足交货期的要求，使生产运行的效率达到最高。其核心是计算物料的需求量和需求时间。在已知主生产计划（Master Production Schedule，MPS）的条件下，根据产品结构以及库存等信息由计算机编制出各个时间段各种物料的生产及采购计划，如图 6-3 所示。

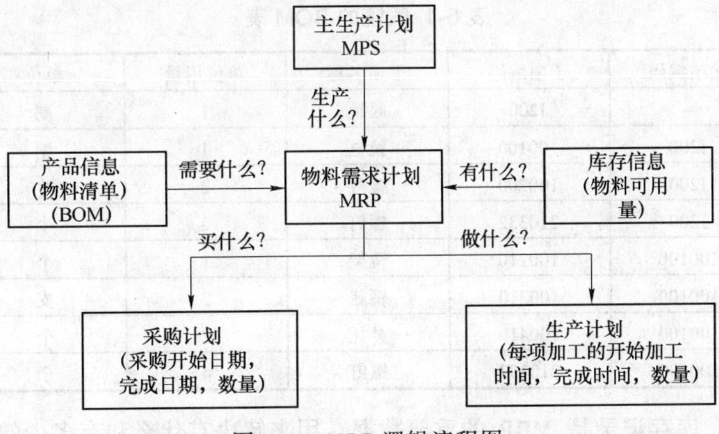

图 6-3　MRP 逻辑流程图

（1）基本 MRP 指标：

① 主生产计划。主生产计划是独立需求计划，是企业的经营计划具体化的重要组成部分，如图 6-4 所示。这说明了企业生产什么、生产多少、何时生产的三个问题，是企业将要生产产

品的品种、数量和时间的具体描述。

除此之外，主生产计划可以确定每一具体产品(最终产品)在每一具体时间段(周/月/旬)内生产计划。根据客户合同、市场预测，详细规定生产什么，什么时间段可以产出，是 MRP 的主要输入项，也是展开 MRP 的主要依据和联系销售部门和制造部门的桥梁。

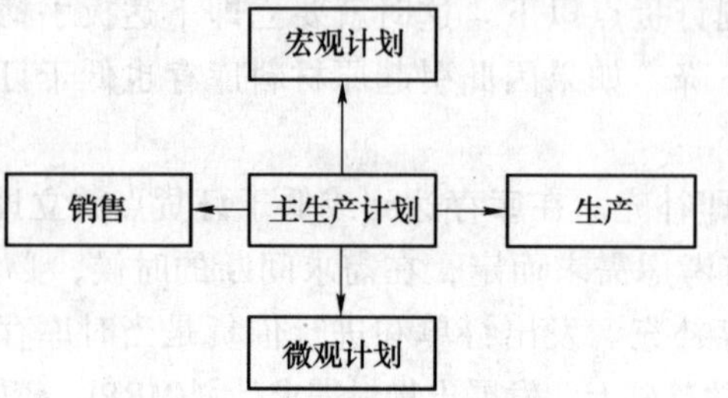

图 6-4　主生产计划的重要性

② 物料清单 (Bill of Materials，BOM)。BOM 又称产品结构文件，主要解决需要什么的问题。它详细记录一个产品所用到的所有部件、组件、零件、原材料等的组成、装配关系和数量要求，是一个制造企业的核心技术文件。BOM 是由产品结构树所决定，以表现其形式的多样性，并在 MRP 系统中，将用二维表形式存储 BOM 文件，图 6-4 所示为眼镜的产品结构树，表 6-1 为眼镜产品的 BOM 表。

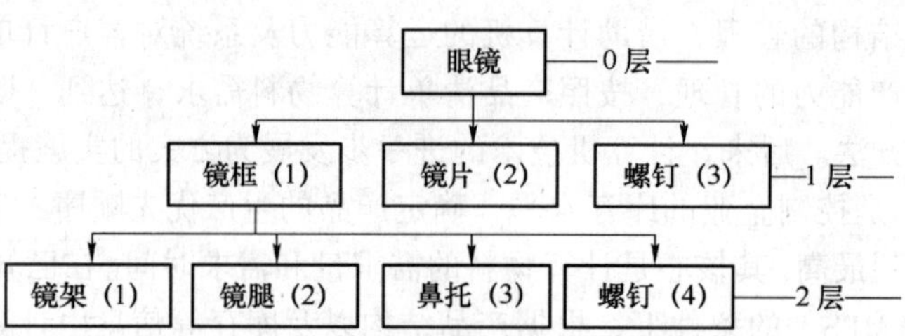

图 6-5　眼镜的产品结构树

表 6-1 眼镜的 BOM 表

层次	父项编码	子项编码	子项名称	单位用量	单位	说　明
0	–	J200	眼镜	1	副	
1	J200	100100	镜框	1	副	
1	J200	100200	镜片	2	片	
1	J200	210332	螺钉	2	个	
2	100100	100210	镜架	1	个	
2	100100	100310	镜腿	2	支	
2	100100	100410	鼻托	2	个	
2	100100	210332	螺钉	4	个	

③ 库存记录。库存记录是 MRP 的重要数据，用来解决有什么和有多少的问题。它主要用于说明企业所有产品、零部件、在制品、原材料等的存在状态的数据库，包括总需求量、预计到货量、现有数量、净需求量和计划订货量等相关数据。

因此，MPS、BOM、库存信息是 MRP 的三个主要输入项。MRP 的处理过程就是读取 MPS 数据，分解 BOM，计算毛需求、静需求，最终生成生产计划和采购计划。通过制造业的通用公式（生产什么、用到什么）－已有什么 ＝ 还缺什么，MRP 回答了四个制造业的主要问题。

（2）基本 MRP 的缺陷。基本 MRP 建立在两个假设上：生产计划是可行的，有足够的人力、设备、资金保证计划的实现；采购计划是可行的，有足够的供货能力和运输能力来保证计划的实现。这直接导致 MRP 存在以下缺陷：

① 没有考虑生产企业现有生产能力和采购有关条件约束。假定已有主生产计划且是可行的，这就意味着在已经考虑了生产能力是可能实现的情况下，有足够的生产设备和人力来保障生产计划的实现。但相反地，生产作业计划可能因没有足够资金、设备和人力而无法完成，物料采购计划也可能因为没有足够的供货能力和运输能力而无法保证物料供应。

② 缺乏根据计划实施情况的反馈信息对计划进行调整控制功能。假定物料采购计划是可行的，即认为有足够的供货能力和运输能力来保证完成物料采购计划的实现，但计划在执行过程中出现的问题(设备故障、人员问题、运行能力)无法及时反应到控制层。

3. 闭环 MRP

在实际生活中，能力资源和物料资源总是有限的，因而往往出现生产计划无法实现的情况。为保证计划符合实际、适应资源，保证计划的可行性，在基本 MRP 基础上，20 世纪 70 年代形成了闭环 MRP 的基本思想。闭环 MRP 使用运行能力需求计划来验证计划的可行性。在计划执行过程中，取得来自车间、供应商和计划人员的反馈信息，并利用它们进行计划调整平衡。这一系列过程形成了计划—执行—评价—反馈—执行的闭环循环系统，成为一个完整的生产计划与控制系统。

（1）基本概念：

① 粗能力需求计划。通过对关键工作中心生产能力和计划生产量的对比，判断主生产计划是否可行。其计划对象为独立需求，主要面向 MPS 计划。

② 能力需求计划（Capacity Requirement Planning，CRP）。指全部工作中心的负荷平衡，对象为相关需求，面向车间。其运算过程就是计算出人员负荷和设备负荷，进行瓶颈预测，调整生产负荷，做好生产能力与设备负荷的平衡工作。

（2）闭环 MRP 逻辑流程。闭环 MRP 的控制过程包括以下几个环节，如图 6-6 所示。

① 生产能力控制以物料需求计划作为基础，根据计划的物料需求量和生产基本信息，计算设备与人力的需求量、各种设备的负荷量，以便判断生产能力是否足够。若发现能力不足，则进行设备负荷调节和人力补充，若能力无法平衡，则调整产品的生产计划。

② 生产活动控制以调整好的物料需求计划为基础，利用计算机的模拟技术，按照作业优先级的

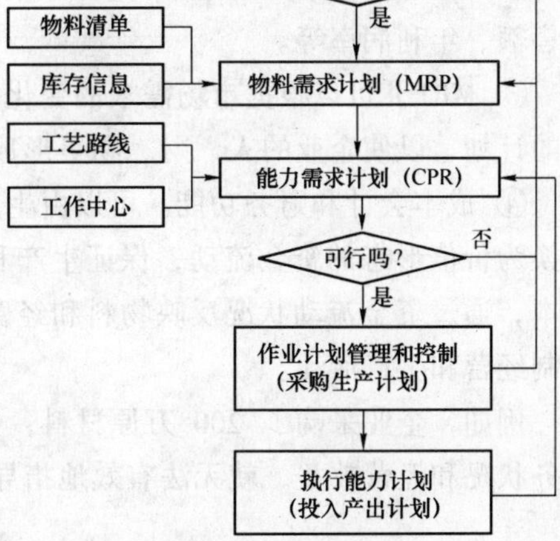

图 6-6　闭环 MRP 逻辑流程图

原则，自动地编制各设备或工作中心的作业顺序和作业完成日期。

③ 采购和物料控制以物料需求计划和库存管理策略为基础，编制物料采购计划，并检查该采购计划是否可以实现。

（3）闭环 MRP 缺陷。闭环 MRP 系统的出现，使生产活动方面的子系统得到了统一。但其管理仅限于生产中物料的管理，而没有考虑生产过程中所需要的其他资源，如资金信息等。

在企业管理中，生产管理只是其中一方面，它所涉及的是物流，而与物流密切相关的还有资金流。企业的经营状况和效益最终要靠资金流表现出来。这在许多企业中是由财会人员另行管理的，这就造成了数据的重复录入与存储，甚至造成数据的不一致。要实现资金流和物流的统一管理，可将经营、财务与生产管理子系统相结合，形成 ERP 的下一阶段 MRPII。

4．MRPⅡ——制造资源计划（Manufacture Resources Planning，MRPⅡ）

针对闭环 MRP 的不足，20 世纪 80 年代，以 MRP 为核心，把生产、财务、销售、工程技术、成本等子系统集成为一个全面的生产管理系统，这就是制造资源计划。

（1）MRPⅡ的基本思想。MRPⅡ是将企业作为一个有机整体，从整体最优的角度出发，通过运用科学方法对企业各种制造资源和产、供、销、财各个环节进行有效地计划、组织和控制，使其得以协调发展，并充分地发挥作用，从而提高企业的整体效率和效益。它围绕着“在正确的时间制造和销售正确的产品”这样一个中心，将企业的人、财、物进行集中管理，同时运用管理会计的概念，用货币形式说明了执行企业“物料计划”带来的效益，实现物料信息同资金信息集成。因此，无论基本 MRP 还是闭环 MRP，都属于企业局部管理，而 MRPⅡ已是面向企业整体管理的企业级管理信息系统。

（2）MRPⅡ系统的逻辑流程。MRPⅡ系统逻辑流程如图 6-7 所示。

① 计划与控制的流程。它包括了决策层、计划层和控制执行层，可以理解为经营计划管理的流程；中间是基础数据，要储存在计算机系统的数据库中，并且反复调用。这些数据信息的集成，把企业各个部门的业务沟通起来，可以理解为计算机数据库系统；左侧是主要的财务系统，这里只列出应收账、总账和应付账。各个连线表明信息的流向及相互之间的集成关系。

② 经营计划。企业最高层决策者根据市场调查和需求分析、国家政策、企业资源能力、竞争对手等信息，制定企业的中长期发展规划为 2~7 年，并考虑企业产品的品种、市场份额、年销售额、年利润率等。

③ MRPⅡ可以根据市场需求的变化，结合企业内部资源，利用系统的模拟功能，来编制合理的计划，以使企业的人、财、物等形成最佳组合，提高企业的投入产出率 。

④ 成本会计和财务功能。可以由生产活动直接产生财务数据，把实物形态的物料流动直接转换为价值形态的资金流动，保证生产和财务数据一致。财务部门及时得到资金信息用于控制成本，通过资金流动状况反映物料和经营情况，随时分析企业的经济效益，参与决策，指导和控制经营和生产活动。

例如，企业采购了 200 万原材料，如果不及时告诉财务部门，财务部门不了解企业实际的财务状况和经营效益，就无法有效地指导和控制生产经营活动。

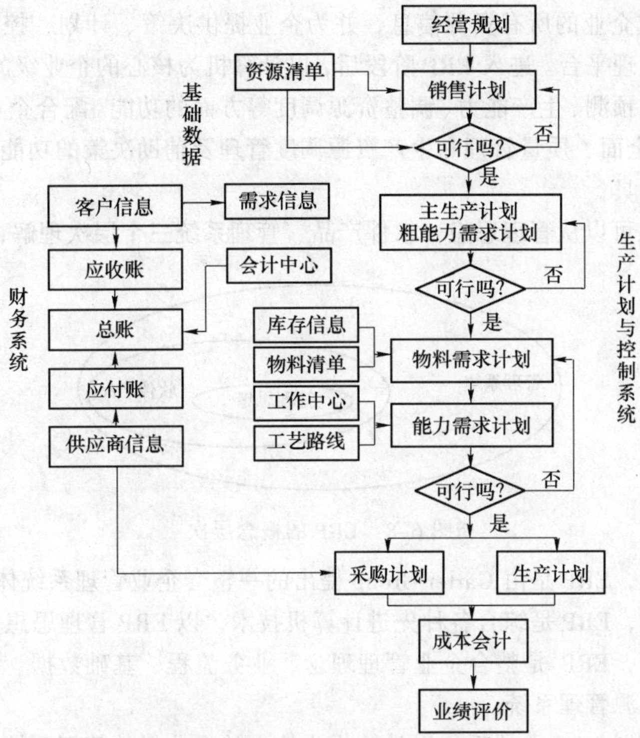

图 6-7　MRPⅡ系统逻辑流程

（3）MRPⅡ的特点：

① 系统整合性。把企业中各子系统有机结合起来，组成全面生产管理的集成优化管理系统，其中生产和财务系统的关系尤为密切。

② 数据共享性。所有数据来源于中央数据库，实现数据共享，保证数据一致性。

③ 模拟性。具有模拟功能，根据不同决策模拟各种未来将会发生的结果。

它可以解决“如果怎样，将会怎样”的问题，可以预见在相当长的时间内可能发生的问题，如模拟将来物料需求而提出任何物料短缺的警告；模拟生产能力需求，发出能力不足的警告。提高原 MRP 系统的应用效果，是企业高层管理机构的决策工具。使管理人员从忙碌的事务堆中解脱出来。

④ 物流和资金流的统一。包含成本会计和财务功能。

（4）MRPⅡ缺陷：

① MRPⅡ对需求与能力的变更，特别是计划期内的变动适应性差，需要较大的库存量来吸收需求与能力的波动。

② 单靠“计划推动”式的管理难以适应，大量企业并未从 MRPⅡ获得预期的效益。

③ MRPⅡ系统已不能满足企业多元化（多行业）、跨地区、多供应和销售渠道的全球化经营管理模式的要求。

④ 企业间竞争范围扩大，要求企业在各方面加强管理，即时通信（Instant Messaging，IM）范畴要求扩大到整个企业资源集成管理而不是单单对制造资源集成管理。

5．ERP——企业资源计划（Enterprise Resources Planning，ERP）

一般来说，ERP 是在 MRPⅡ基础上发展起来的，建立在 IT 基础上，利用现代企业的先进管理思想，全面地集成企业的所有资源信息，并为企业提供决策、计划、控制和经营业绩评估的全方位和系统化的管理平台。进入ERP阶段后，以计算机为核心的企业级的管理系统更为成熟，系统增加了包括财务预测、生产能力、调整资源调度等方面的功能。配合企业实现准时生产（Just In Time，JIT）管理全面、质量管理和生产资源调度管理及辅助决策的功能。成为企业进行生产管理及决策的平台工具。

ERP的基本思想可以从管理思想、软件产品、管理系统三个层次理解，如图6-8所示。

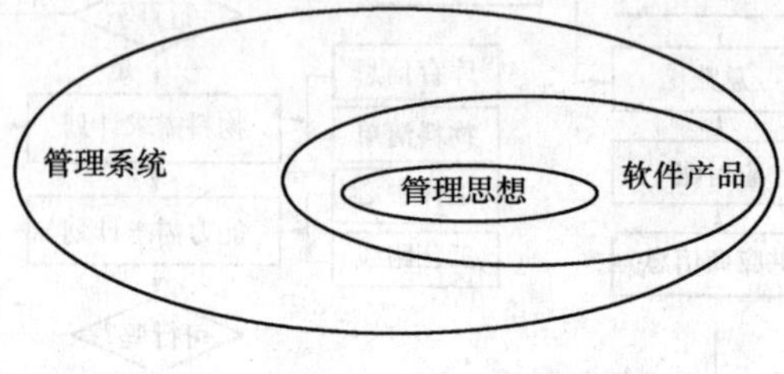

图6-8 ERP的概念层次

从管理思想角度，ERP是由Garter Group提出的一整套企业管理系统体系标准。

从软件产品角度，ERP是综合各种先进计算机技术，以ERP管理思想为灵魂的软件产品。

从管理系统角度，ERP是整合企业管理理念、业务流程、基础数据、人力物力、计算机软硬件于一体的企业资源管理系统。

进入企业资源计划ERP阶段后，以计算机为核心的企业级的管理系统更为成熟，系统增加了包括财务预测、生产能力、调整资源调度等方面的功能，配合企业实现JIT全面管理、质量管理和生产资源调度管理以及辅助决策功能，成为企业进行管理及决策的平台。

6.1.3 MRP、闭环MRP、MRPⅡ和ERP之间的关系

如图6-9所示，MRP和闭环MRP的计算过程是一样的，只是闭环MRP在生产物料需求计划后，还会依据生产工艺推算出生产这些物料所需的生产能力。然后与现有的生产能力进行对比，检查该计划的可行性。若不可行则返回修改物料需求计划或主生产计划，直至达到满意。而MRPⅡ融入了财务会计信息，实现了物料信息同资金信息的集成。ERP则是在MRPⅡ的基础

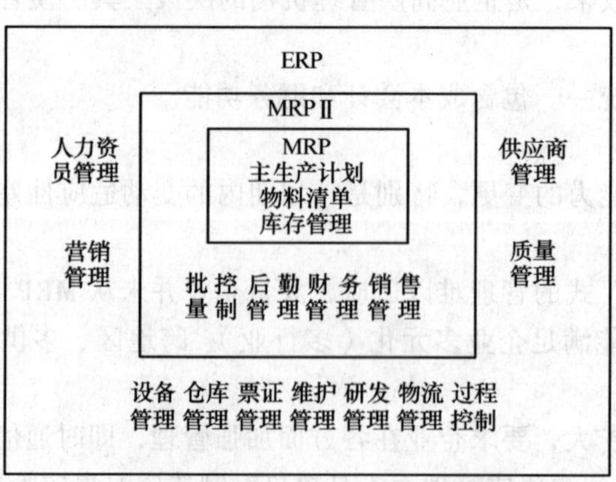

图6-9 MRP、MRPⅡ和ERP关系图

上扩展了管理范围，它把客户需求和企业内部的制造活动以及供应商的制造资源整合在一起，形成了面向企业的完整的供应链并对供应链绳的所有环节进行有效管理。所以说，MRP 是 ERP 的核心功能，MRPⅡ是 ERP 的重要组成，而 ERP 是 MRPⅡ的功能和行业的扩展。

6.1.4　ERP 系统的管理思想

企业资源计划的核心管理思想就是实现对整个供应链和价值链的有效管理，主要体现在以下几个方面。

1．体现对企业信息集成管理的思想

为了提高企业在市场中的竞争优势，企业除了依靠自己的资源外，还必须把经营过程中的有关各方，如供应商、制造商、分销商、客户等信息集成起来，这样才能有效地安排企业的产、供、销活动，满足企业利用内外部资源快速、高效地进行生产经营的需求。企业资源计划系统把客户需求和供应商的制造资源与企业内部制造活动整合在一起，强调有效管理供应链上各个环节，利用计算机网络通信技术在整条供应链上传递信息，对同一需求作出快速反应，实现资源的计划、协调、操作、控制和优化，从而降低库存、运输等经营费用，快速低成本地响应客户的需求。

2．体现精益生产、同步工程和敏捷制造的思想

企业资源计划通过在线分析处理、售后服务及质量反馈，可将设计、制造、销售、运输等集成起来，并行处理各种相关作业，为企业提供对质量、适应变化、客户满意、绩效等关键问题的实时分析能力。

精益生产是麻省理工学院专家对日本“丰田 JIT（Just In Time）生产方式”的赞誉。精，即少而精，不投入多余的生产要素，只是在适当的时间生产必要数量的市场急需产品（或下道工序急需的产品）；而益，即所有经营活动都要有益有效，具有经济性。精益生产是当前工业界最佳的一种生产组织体系和方式，它旨在消除一切浪费，追求精益求精和不断改善。

敏捷制造指的是当市场发生变化，企业遇有特定的市场和产品需求时，企业的基本合作伙伴不一定能满足新产品开发生产的要求。这时，企业会组织一个由特定的供应商和销售渠道组成的短期或一次性供应链，形成“虚拟工厂”，把供应和协作单位看成是企业的一个组成部分，运用“同步工程（SE）”组织生产，用最短的时间将新产品打入市场，时刻保持产品的高质量、多样化和灵活性，这即是“敏捷制造”的核心思想。

在 MRPⅡ中，许多经典的 MRPⅡ功能变得更加灵活。例如，作业流程将和能力计划、进程管理集成起来，以增加 MRPⅡ的实时特征，减少作业批量和转换时间；物料清单配方管理系统将按成组技术的思想组合，当缺料时可以简便地进行制造等。

3．体现事先计划与事中控制的思想

制造资源计划的控制是事后控制，而 ERP 为企业的计划和决策提供多种模拟功能和财务决策支持，实现事中和事前控制。其财务系统可以即时获取各业务过程、分析系统的触发信息，实现对整个业务过程的动态监控。

6.1.5　ERP 系统的主要功能模块

企业中，管理主要包括三方面的内容：生产控制(计划、制造)、物流管理(分销、采购、库存管理)和财务管理(会计，财务管理)，除此以外还有人力资源管理。由此，ERP 也由相应的四个部分组成。

1．生产控制

这一部分是 ERP 系统的核心所在，它将企业的整个生产过程有机地结合在一起，使得企业能够有效地降低库存，提高效率。同时各个原本分散的生产流程自动连接前后贯穿地运行，不会出现脱节，耽误生产交货时间。

（1）主生产计划。主生产计划是根据生产计划、预测和客户订单的输入来安排将来各周期中提供的产品种类和数量，是将生产计划转为产品计划，在平衡了物料和能力的需要后，精确到时间、数量的详细的进度计划。主生产计划是企业在一段时期内的总活动的安排，是一个稳定的计划，是以生产计划、实际订单和对历史销售分析得来的预测产生的。

（2）物料需求计划。在主生产计划决定生产多少最终产品后，再根据物料清单把整个企业要生产的产品的数量转变为所需生产零部件的数量，并对照现有的库存量，可得到还需采购多少、生产多少、加工多少的最终数量。这才是整个部门真正依照的计划。

（3）能力需求计划。能力需求计划是在得出初步的物料需求计划之后，将所有工作中心的总工作负荷在与工作中心的能力平衡后产生的详细工作计划，用以确定生成的物料需求计划是否是企业生产能力上可行的需求计划。能力需求计划是一种短期的、当前实际应用的计划。

（4）车间控制。车间控制是随时间变化的动态作业计划，是将作业排序，再进行作业分配到具体各个车间、作业管理、作业监控。

（5）制造标准。在编制计划中需要许多生产基本信息，这些基本信息就是制造标准，包括零件、产品结构、工序和工作中心，都用唯一的代码在计算机中识别。

其中，零件代码是对物料资源的管理，对每种物料给予唯一的代码识别；物料清单用来定义和编制产品结构以及各种计划的技术文件；工序是描述加工步骤及制造和装配产品的操作顺序，它包含加工工序顺序，指明各道工序的加工设备及所需要的额定工时和工资等级等；而工作中心由使用相同或相似工序的设备和劳动力组成，是从事生产进度安排、核算能力、计算成本的基本单位。

（6）质量管理。质量管理模块不仅对生产过程中的质量进行管理，在采购过程中也需要对供应商的货物进行质量检验，在生产过程完工后还要对生产的产品进行质量控制。质量管理中的批次管理通过对批次或成品批的系统管理和跟踪，可以精确地计划和控制产品质量，批次跟踪功能还使企业能按照客户的技术条件分配最合适的批次。

2．物流管理

（1）分销管理。销售的管理是从产品的销售计划开始，对其销售产品、销售地区、销售客户各种信息的管理和统计，并可对销售数量、单价、金额、利润、绩效、客户服务作出全面的分析，这样在分销管理模块中大致有三方面的功能。

首先，分销管理模块可实现对于客户信息的管理和服务。它能建立一个客户信息档案，对其进行分类管理，进而对其进行针对性的客户服务，以达到最高效率地保留老客户、争取新客户。在这里，要特别提到的就是最近新出现的 CRM 软件，即客户关系管理，ERP 与它的结合必将大大增加企业的效益。

其次，分销管理模块可实现对于销售订单的管理。销售订单是 ERP 的入口，所有的生产计划都是根据它下达并进行排产的。而销售订单的管理贯穿了产品生产的整个流程，它包括：客户信用审核及查询（客户信用分级，来审核订单交易）、产品库存查询（决定是否要延期交货、分批发货或用代用品发货等）、产品报价（为客户作不同产品的报价）、订单输入、变更及跟踪

（订单输入后变更的修正，及订单的跟踪分析）和交货期的确认及交货处理(决定交货期和发货事物安排)。

最后，分销管理模块可实现对于销售的统计与分析。这时系统根据销售订单的完成情况，依据各种指标作出统计，比如客户分类统计、销售代理分类统计等，再就这些统计结果来对企业实际销售效果进行评价。销售统计（根据销售形式、产品、代理商、地区、销售人员、数量、单价、金额来分别进行统计）、销售分析（包括对比目标、同期比较和订货发货分析，从数量、单价、金额、利润及绩效等方面作相应的分析）和客户服务、客户投诉记录（例：产品的质量、交货是否准时及服务的态度）原因分析均属于分销管理模块。

（2）库存控制。库存控制用来控制存储物料的数量，以保证稳定的物流支持正常的生产，但又最小限度地占用资本。它是一种相关的、动态的、真实的库存控制系统。它能够结合、满足相关部门的需求，随时间变化动态地调整库存，精确地反映库存现状。

这一系统的功能又涉及：为所有的物料建立库存，决定何时订货采购，同时作为交与采购部门采购、生产部门作生产计划的依据；收到订购的物料，经过质量检验入库，生产的产品也同样要经过检验入库以及收发料的日常业务处理工作记录。

（3）采购管理。采购管理通过合理的订货量、优秀的供应商和保持最佳的安全储备，能够随时提供定购、验收的信息，跟踪和催促对外购或委外加工的物料，保证货物及时到达。

建立供应商的档案，用最新的成本信息来调整库存的成本。具体有：供应商信息查询（查询供应商的能力、信誉等）、催货（外购或委外加工的物料进行跟催）、采购与委外加工统计（进度跟踪统计、建立档案，计算成本）以及价格分析（对原材料价格分析、调整库存成本）。

3．财务管理

（1）应收、应付账管理。应收账管理模块的功能包括发票管理、客户管理、付账管理、账龄分析等功能。它和客户订单、发票处理业务相联系，同时将各项事件自动生成记账凭证，倒入总账；应付账管理模块的功能包括发票管理、供应商管理、支票管理、账龄分析等。它能够和采购模块库存模块完全集成以替代过去烦琐的手工操作。

（2）固定资产管理。固定资产管理模块的主要功能有：基础数据维护、资产折旧管理、资产增减管理、资产维修管理、资产租赁管理。

（3）成本核算。成本是企业经营过程中为达到经营目的所发生的对象化的资金耗费价值的货币表现。主要功能包括标准成本制定、成本费用归依、成本计算等。

（4）财务管理。财务管理的功能主要是基于会计核算的数据再加以分析，从而进行相应的预测、管理、控制活动。它侧重于财务计划、控制、分析和预测。

4．人力资源管理

（1）组织管理。组织管理模块包括组织结构管理、员工计划与工作描述、人事成本计划。组织结构管理是战略性的人力资源管理模块，它具备帮助企业重组、管理转型和再造功能，并能提供准确的组织结构图，使人事主管利用组织管理系统创建全新的组织结构；员工计划与工作描述模块可为每个员工制定职务模型，包括职位要求、升迁路径和培训计划。人事成本计划是有关人事活动最终的系统性、前瞻性计划，它为企业的发展预算提供了有力的数据支持。

（2）人事管理。人事管理模块包括招聘管理、出差管理和福利管理。人才是企业最重要的资源。优秀的人才才能保证企业持久的竞争力。

招聘系统一般从以下几个方面提供支持：进行招聘过程的管理，优化招聘过程，减少业务工作量；对招聘的成本进行科学管理，从而降低招聘成本；为选择聘用人员的岗位提供辅助信息，并有效地帮助企业进行人才资源的挖掘。系统能够自动控制从差旅申请，差旅批准到差旅费报销整个流程，并且通过集成环境将核算数据导入财务成本核算模块中。

（3）工资核算与薪资管理。工资核算与薪资管理包括工资总/净核算、工资处理、薪资管理。能根据公司跨地区、跨部门、跨工种的不同薪资结构及处理流程制定与之相适应的薪资核算方法。薪资管理与时间管理直接集成，能够及时更新，对员工的薪资核算动态化。同时，薪资管理还具有回算功能，可通过和其他模块的集成，自动根据要求调整薪资结构及数据。

（4）工时管理。工时管理包括班次计划、工时记录管理和考勤管理。其中班次计划根据企业的要求和员工的出勤情况来计划班次情况；工时记录管理可以追踪总工作时数，以满足工作分析、休假管理和工作分担等业务的需要；考勤管理可以根据企业的当地日历，灵活安排运行时间和作息时间表。

（5）人力资源管理的新内容。人力资源管理的新内容包括工作流管理，Internet/Intranet 方案和员工自助服务。其中业务工作流为人力资源管理提供了新的工作方式，在合适的时间自动把任务分配给合适的员工；Internet/Intranet 方案给人力资源管理带来了新的挑战与机遇；员工自助服务使员工能够查看和更新个人数据，帮助企业提高信息的质量。

6.2 客户关系管理

交付迟缓、服务响应速度缓慢、销售额和利润不断下滑、客户满意度下降、……，这说明信息系统将面临一个又一个的挑战。所有这些意味着你需要一个能立刻与您现有所有业务流程相集成的解决方案，其具备的强大功能可快速与您企业的整个信息系统相链接。这就是 CRM——改善您企业与客户在每个阶段交往的能力，从最初的市场营销到后续的销售服务和支持，提供开放式、个性化用户友好的界面，基于角色的企业门户，准确高效地帮助您增加销售额、提高获利能力、树立市场领导地位，使客户、员工和股东各方均满意。

6.2.1 客户关系管理产生

客户关系管理的产生主要由三方面导致，如图 6-10 所示。

1. 需求的拉动

面对日益竞争激烈的市场，企业在信息化方面做了很多工作，取得了很好的经济效益，20世纪 80 年代中期开始的业务流程重组（BRP）和 ERP 建设实现了对制造、库存、财务、物流等环节的流程优化和自动化，但销售、营销和服务领域的问题却没有得到相应的重视（ERP 软件帮助企业优化了内部的管理流程和其他内部资源，那么 CRM 的出现则使企业的外部资源主要是客户资源得以合理利用）。很多企业的销售、营销和服务部门的信息化程度不高，不能适应业务发展的需要。

2. 管理理念的更新

管理理念的更新经历了从以生产为中心、以销售为中心、以成本为中心到以客户为中心的四个逐步演化阶段，如图 6-11 所示。

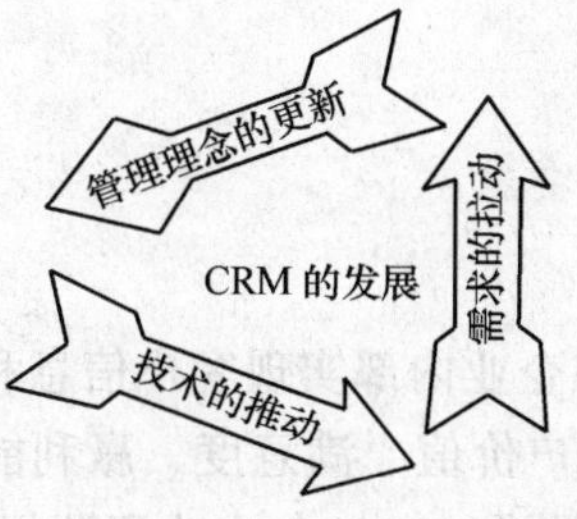

图 6-10　CRM 产生的原因

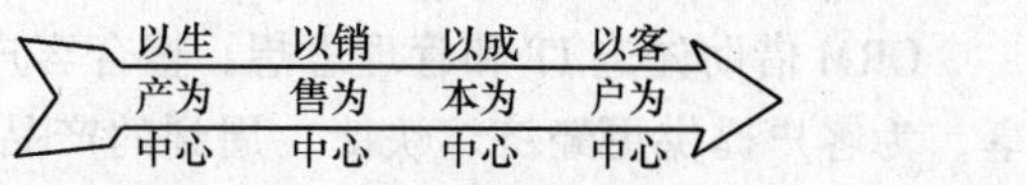

图 6-11　管理理念的更新

（1）以生产为中。20 世纪 20 年代，需求巨大而供给不足，生产出个东西就畅销，谁的生产能力高谁就是市场老大。企业关注的焦点更多的是如何提高生产效率、扩大生产规模、降低生产成本。于是市场逐步发展为产品数据越来越多，竞争越来越激烈，于是出现了销售中心论。

（2）以销售为中心。产品是被“卖”出去的，而不是被“买”走的。企业关注的焦点转换为关注各种销售技巧，千方百计将产品“推销”给客户。为了提高销售额，对内采取严格的质量管理，对外强化推销，竞争的结果是产品质量高，但产品成本很高，销售费用很高，虽然销售额很高，但利润很低。于是销售中心论的修正版出现，企业管理的目标放在了以利润为中心的成本管理上。

（3）以成本为中心。由于企业的成本是不可能被无限压缩的，在保证一定产品质量前提上成本已经到了极限了，再压缩必然影响产品质量或给客户提供的价值。于是，顾客的地位被提高到前所未有的地位。

（4）以客户为中心。随着市场经济的深入发展，企业对市场和客户的依赖已经逐步提高到关乎企业生存的高度，谁能把握住市场的脉搏，满足客户对产品的需求，谁就能赢得市场、赢得客户，企业才能生存、发展、壮大。企业以客户为本。一个企业如果丧失了客户，那它也就丧失了一切。更重要的是，企业必须拥有长期稳定的客户源。对比一些大型企业的企业文化，诺基亚的“以人为本”、东软的“软件创造客户价值”、小天鹅的“全心全意每一天”等都体现了当今客户关系管理从“客户得到的就是他们所想要的”到“客户得到他们所想要的”的演变。

3．技术的推动

如果一个企业管理水平低下，员工意识落后，信息化水平低，是很难实现客户关系管理的。因此，技术的推动直接制约着客户关系管理的管理机制。

（1）办公自动化程度、员工计算机应用能力、企业信息化水平、企业管理水平的提高都有利于 CRM 的实现。

（2）EC 在全球范围内正开展得如火如荼，正在改变着企业营销方式。

（3）客户信息是 CRM 的基础。数据库、商业智能、知识发现等技术发展，使得收集、整理、加工和利用客户信息的质量大大提高。

2001 年中国的 CRM 市场可谓是高潮迭起，有着无数或大或小的论坛、演讲和发布会，但 CRM 市场在 2002 年底也毫无预兆地直接跌入了冰河期，几乎整整三年市场一片死寂。2005 年 CRM 市场全面复苏，其中技术的推动起到了主要作用。如果你想要用 CRM 系统来管理散布在全国各地的销售人员或是代理，那么 Internet 的网络带宽及安全访问显然相当关键；又比如说，与 CRM 相集成的呼叫中心如果采用最新的 IP 电话技术，可以在大幅地提高传统呼叫中心的工作效率的同时降低平均呼叫成本；再比如说，CDMA/GPRS 网络的部署让 CRM 系统的用户可以随时随地接入系统以获得支持。

6.2.2 客户关系管理概述

1. 客户关系管理概念

CRM 借助先进 IT 和管理思想，整合客户信息资源，并在企业内部实现客户信息和资源的共享，为客户提供更经济、快捷、周到的产品和服务，提高客户价值、满意度、赢利能力以及客户的忠诚度，保持和吸引更多的客户，最终实现企业利润的最大化。CRM 与企业资源规划（ERP）、供应链管理（SCM）一起，是企业提高竞争力的三大法宝。CRM 不只是一个软件，管理思想是 CRM 的灵魂客户，是企业的衣食父母。

2. 客户关系管理内涵

整体上讲，CRM 是一个“以客户为中心”的商务战略，它包含了三层内涵。

（1）从管理理念上看，CRM 是一种将客户资源转化为企业收益的管理方法，是一种新颖的管理机制和先进的管理思想。它加强了企业与客户间的联系，使企业在营销、销售、服务与支持各个方面形成协调的关系。

（2）从技术层面上看，CRM 是基于信息技术，有效整合企业资源、流程，建立面向客户业务和流程的信息系统。它通过前端以客户为中心的工作流和后端客户智能的整合，为提升客户价值提供了一个信息支撑平台。

（3）从客户层面上看，CRM 使企业低成本、高效率地满足客户的需求，并与客户建立基于学习型关系的一对一营销模式，最大程度地提高客户的满意度及忠诚度。

因此，客户关系管理首先是种管理思想，其次是套 IT 系统，是用来帮助企业算计客户多挣钱的工具。

3. 客户关系管理目标

客户关系管理的目标即是企业成功实施 CRM 获得的效益。它主要从三方面体现，如图 6-12 所示。

（1）提高效率。采用信息技术可以提高业务处理流程的自动化程度，实现企业范围内的信息共享，提高员工的工作能力，并有效减少了培训需求，使企业内部能够更有效地运转。

（2）拓展市场。通过新的业务模式（电话、网络）扩大企业经营范围，及时把握新的市场机会，占领更多的市场份额。

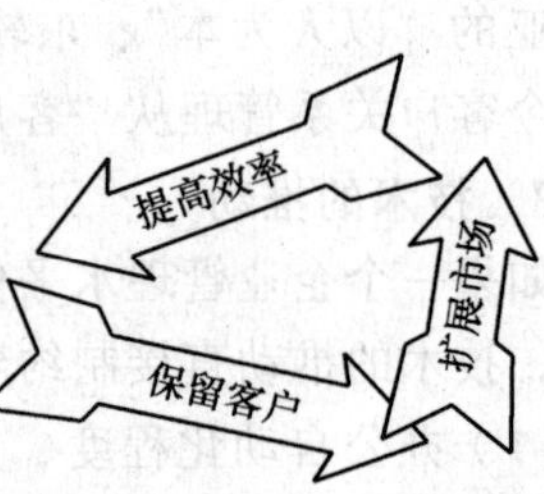

图 6-12 客户关系管理的目标

（3）保留客户。客户可以选择自己喜欢的方式，同企业进行交流，方便地获取信息，得到更好的服务，客户的满意度得到提高，就可以帮助企业保留更多的老客户，并吸引新客户。

6.2.3 CRM 系统功能

CRM 系统功能主要包括：销售管理、营销管理、客房服务管理、呼叫中心、商务智能和电子商务，如图 6-13 所示。

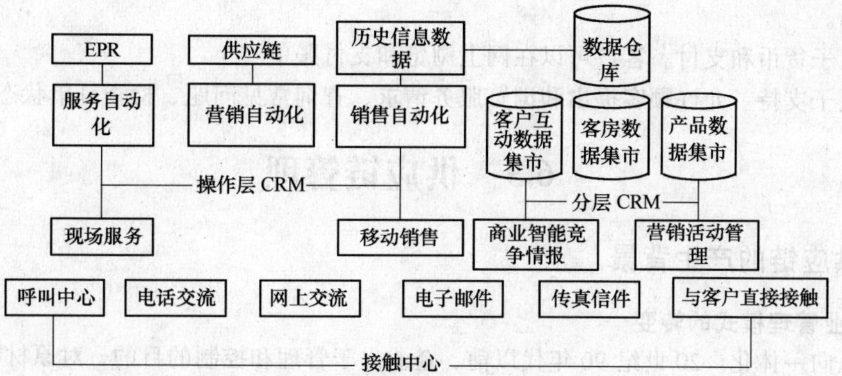

图 6-13　CRM 系统主要功能图

1. 销售自动化（SFA）

销售自动化自动跟踪销售过程，提高销售人员大部分活动的自动化程度，并向销售人员提供工具，提高其工作效率。

2. 营销管理

营销管理不局限于提供员工活动的自动化程度，其目标是为营销及其相关活动的设计、执行和评估提供详细的框架。

3. 客户服务管理

客户服务管理主要通过呼叫中心和互联网实现客户服务与支持，并和销售、营销功能结合起来，为企业提供更多商机，向已有的客户销售更多产品。

很多时候，客户的保持和提高客户利润贡献度依赖于优质的服务，客户只要轻点鼠标或一个电话就可以转向竞争者，因此客户服务良好的支持对很多公司是极为重要的。在 CRM 中，客户服务和支持主要是通过呼叫中心和互联网实现的。在满足客户的个性化要求方面，其速度、准确性和效率都令人满意，CRM 系统中的强有力的数据使得通过多种渠道（如互联网、呼叫中心）的纵横向销售变得可能，当把客户服务与销售、营销比较好地结合起来的时候，就能为企业提供很多好机会，向已有的客户销售更多的产品。

4. 呼叫中心

Call Center 是 CRM 的重要内容，是“CRM 的门面”。它使销售与服务功能集成为一个单独应用，使一般业务代表能够向客户提供实时的销售和服务支持。

5. 商务智能

商务智能将收集的客户数据、交易信息、竞争对手信息等进行加工处理，挖掘潜在客户和商业机会，提供定量和定性的及时分析，将分析结果反馈给其他部门和管理层，并作为决策的依据。

6. 电子商务

电子商务主要作用是将企业业务扩展到互联网上。它可细分为以下四种形式。

（1）电子商店。此部件使得企业能建立和维护基于互联网的店面，从而在网络上销售产品和服务。

（2）电子营销。与电子商店结合，使企业能够创建个性化的促销和产品建议，并通过 Web

向客户发出。

（3）电子货币和支付。客户可以在网上浏览和支付账单。

（4）电子支持。允许顾客提出和浏览服务请求、查询常见问题、检查订单状态。

6.3 供应链管理

6.3.1 供应链的产生背景

1. 企业管理模式的转变

（1）纵向一体化。20世纪90年代以前，企业出于管理和控制的目的，对原材料、零部件或半成品供货商一直采取投资自建、投资控股或兼并的“纵向一体化”管理模式。这种企业管理模式一方面使得企业难以集中资源优势和技术优势，在相对擅长的领域建立和强化自己的核心竞争力；另一方面，“纵向一体化”企业在投入全部资源、建立自己产业价值链的同时，由于规模庞大，机构臃肿，也逐渐丧失了其适应市场的快速反应能力。这不仅迫使企业承担丧失市场时机的风险，直接增加企业投资负担，而且增大企业的行业风险，使企业在每个业务领域都直接面临众多竞争对手，迫使企业从事不擅长的业务活动。

通用汽车公司作为推行“纵向一体化”的典型案例，死抱着纵向管理思想不放，自主生产70%的零部件，相对而言福特公司只自主生产产品50%，克莱斯勒只占30%。结果充分说明，正是由于通用汽车公司的顽固做法，它现在不得不经受着多方面竞争的压力。通用汽车公司因为生产汽车零部件而耗去的劳动费用高于其他两个公司。它每生产一个动力系统，会比福特公司多付出440美元，比克莱斯勒公司多付出600美元，这直接造成在市场竞争中始终处于劣势。

（2）供应链思想。20世纪90年代以来，鉴于纵向一体化的缺陷，企业管理模式逐渐从“纵向一体化”向“横向一体化”转化；从“大而全、小而全”向“分散网络化制造”转化；从“封闭式”向“开放式”的设计、开发与生产转化，这就是供应链思想。通过和业务伙伴结成战略联盟占据竞争中的主动地位，将非核心业务外包出去，自己集中资源发展核心能力。

2. 信息技术的推动

信息技术可以将上下游的合作企业紧密地连接起来，使企业间的信息传递路线与产品的物理运动路线相一致，各个企业能够共享链上的信息，有效协调各自的行为；信息技术也为企业之间合作、实施并行工程提供了强有力的技术支持，使企业间合作的广度和深度都大大加强；信息技术的应用范围涉及整个供应链企业的经济活动，直接影响供应链企业间供应、生产、库存、销售中任何一环的响应速度、成本和效益。

6.3.2 供应链管理概述

1. 供应链管理模式的产生

“纵向一体化”管理模式种种弊端和“横向一体化”思想兴起，形成了一条从供应商到制造商再到分销商的贯穿所有企业的“链”，即供应链。链上节点企业必须达到同步、协调运行，才可能使链上所有企业都能受益，供应链管理(Supply Chain Management，SCM)的原理如图6-14所示。企业重点着手关键零部件的制造，甚至全部委托给其他企业加工。例如，福特汽车公司实现供应链管理模式，Festiva 系列车款由美国人设计，马自达系列发动机在日本生产，而其他零件和装配则委托给韩国的企业制造，最后再在美国市场上销售。制造商把零部件生产和整车装配都放在了企业外部，这样做的目的是利用其他企业的资源促使产品快速上马，避免自己投资带来的基建周期长等问题，赢得产品在低成本、高质量、早上市等诸方面的竞争优势。

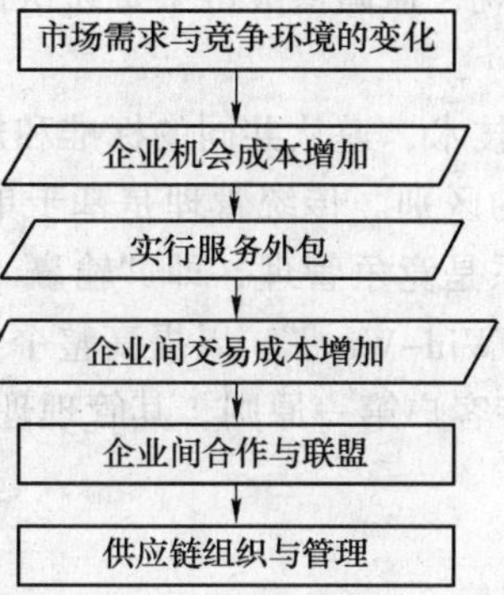

图 6-14　供应链管理模式的产生原理

2．供应链的概念

供应链是围绕核心企业，通过对物流、资金流和信息流的控制，在产品生产和流通过程中将所涉及的原材料供应商、制造商、分销商、零售商直到最终消费者连成一个整体的供需网链结构模型。

供应链是由价值链发展而来的，从价值链中可以看出任何组织均由基本活动和辅助活动组成。每一个企业都是这样的一个价值链，但是一个企业的产品又成为另一个企业的原料，这样不同的价值链通过供需关系联系起来构成一个网络，或更高层次的价值链，即供应链。在这个链中，每个企业既是链中某个对象的顾客又是另一个对象的供应者。供应链管理的目标就是把这个供需的网络组织好，让这个有机组织比它的竞争对手更高效，企业间的竞争上升为供应链与供应链之间的竞争。供应链的特征如下。

（1）复杂性：供应链结构模式比一般单个企业的结构模式更为复杂。

（2）动态性：因企业战略和适应市场需求变化的需要，其中的节点企业需要动态地更新。

（3）面向用户需求：供应链的形成、存在、重构，都是基于一定的市场需求而发生。

（4）交叉性：节点企业可以是这个供应链的成员，同时又是另一个供应链的成员，众多的供应链形成交叉结构。

3．供应链管理的概念

（1）供应链管理基本概念。1982 年，凯思 ·奥立夫（Keith R. Oliver）和麦考尔 ·威波尔（Michael D. Webber）在《观察》杂志上发表了《供应链管理：物流的更新战略》，首次提出“供应链管理”的说法。供应链管理的出现源于对物流管理的研究。从这个意义上讲，供应链管理是物流管理的发展和延续。尤其是现代物流一体化的提出，更使得物流管理和供应链管理的研究领域和研究方法雷同。

供应链管理是通过前馈的信息流和反馈的物流及信息流，将供应商、制造商、分销商、零售商，直到最终用户连成一个整体的模式。它借助于信息技术的支持，追求整个供应链的总成本最低，强调一种集成的管理思想和方法，使供应链上的各个节点有机结合，实现供应链整体效率最高。

（2）供应链管理的特征。

① 供应链管理把所有节点企业看作是一个整体，实现全过程的战略管理.

② 供应链管理是一种基于流程的集成化管理模式。

③ 供应链提出了全新的库存观，强调供应链中贸易伙伴之间的密切合作，致力于总体库存的大幅度降低。

④ 应用现代信息技术和通信技术，遵从共同的标准和规范。

（3）供应链管理与传统管理的区别。传统管理是基于单一企业的管理，虽然也和其他企业相互联系，但是与相关企业的关系是竞争管理，即“输赢（Win-Lose）”，而供应链管理强调的是链上的所有节点企业的“双赢（Win-Win）”，以提高整个供应链的效益为目的。除此之外，供应链管理更加注重客户需求，坚持客户第一原则，其管理理念基于供应链中的“不确定性”，相对传统管理更为复杂。

6.3.3 供应链管理的框架

1. 供应链管理的基本框架

（1）两个支撑体系。

① 现代信息技术。信息共享是实现供应链管理的基础，供应链的协调运行建立在各个节点企业高质量的信息传递与共享的基础之上。为了达到与外部供应链的集成，企业必须采用适当的信息技术为企业内部的信息系统提供与外部供应链节点企业的很好的接口，达到信息共享和信息交互，达到相互操作的一致性。

② 战略伙伴关系。通过建立良好的战略伙伴关系，企业就可以很好地与用户、供应商和服务提供商实现集成和合作，共同在预测、产品设计、生产、运输计划和竞争策略等方面设计和控制整个供应链的运作。

（2）五大职能。

① 采购管理。供应链管理的采购管理与 ERP 中的采购管理不同，它是由交易关系转变为合作关系，由为了避免缺料的采购转变为满足订货的采购，由被动供应转变为主动供应，由制造商管理库存转变为供应商管理库存。SCM 系统追求的是零库存管理。

② 库存管理。供应链管理的库存管理与 ERP 中的库存管理不同，如何加速物料流动、减少库存积压、加强物流的批次跟踪，严格物料的失效期管理是 SCM 中库存管理的重点，是一套完整的库存管理解决方案。

③ 销售管理。供应链管理与 ERP 中的销售管理不同，它是由推式市场模式转变为拉式市场模式，由以制造商为中心转变为以客户为中心，由等待型销售方式转变为创造型销售方式。

④ 高级计划排程（Advanced Planning and Scheduling，APS）。高级计划排程是供应链管理的重要组成部分，包括综合预测、供应链计划、需求计划、制造计划和排程、供应链智能等功能。供应链管理需要 ERP 的集成数据来进行供应链的分析，以便提供决策。而 ERP 也需要 APS 的优化功能进一步提升管理水平。

⑤ 物流。合作性与协调性是供应链管理的一个重要特点，但如果没有物流系统的无缝连接，运输的货物逾期未到，顾客的需要不能得到及时满足，采购的物资常常在途中受阻，都会使供应链的合作性大打折扣，因此，无缝连接的供应链物流系统是使供应链获得协调运作的前提条件。

2．沃尔玛供应链管理

沃尔玛的供应链管理主要由四部分组成。

（1）顾客需求管理。零售业是直接与最终消费者打交道的行业，顾客决定一切。因此沃尔玛的基本理念是“让顾客满意”、“天天平价”、“无条件退货”和“高品质服务”。

沃尔玛每周进行顾客期望和反映调查，根据管理信息系统收集的信息及直接调查收集的顾客期望即时更新商品组合，组织采购，改进商品摆放、营造舒适购物环境，使顾客不但买到好商品，且得到全方位享受。

（2）供应商和合作伙伴管理。沃尔玛全面改善与供应商关系，与上下游企业建立无缝连接与合作，主要通过联网和 EDI，与供应商共享信息，建立伙伴关系。沃尔玛与宝洁公司为促进销售、降低库存建立自动定发货系统。例如，通过 EDI 和卫星联网，宝洁迅速知晓沃尔玛物流中心纸尿裤库存，还能及时了解纸尿裤在沃尔玛店铺销售量、库存量、价格等，使宝洁及时制定符合市场的生产和研发计划，同时也能对沃尔玛库存进行单品管理，做到连续补货。同时，沃尔玛专注经营销售活动，从宝洁获得信息，及时决策商品货架和进货数量，并由系统自动进货将物流中心或仓库管理权交给宝洁代为实施。

（3）企业内和企业间物流配送系统管理。有效的商品配送是保证沃尔玛达到最大销售量和最低成本的存货周转及费用的核心。沃尔玛建立强大的配送中心，实现完全的自动化，使用条码、传送带、激光扫描器和电脑追踪每件商品的储存位置及运送情况。同时，车队采用电脑进行车辆调度并通过全球卫星定位系统对车辆进行定位跟踪。客户付款的同时，与 POS 相连的计算机通过卫星把顾客购物信息传到最近的配送中心和沃尔玛总部，直至 5 000 多家供应商。

（4）基于 Internet / Intranet 的供应链交互信息管理。苹果公司总裁乔布斯曾说，如果全球的 IT 企业只剩下三家，那一定是微软、Intel 和戴尔；如果只剩下两家，将只有戴尔和沃尔玛。这显然只是玩笑话，沃尔玛虽是零售业的翘楚，但无论如何还算不上 IT 企业。不过，沃尔玛对信息技术的执着追求却是有目共睹，正是缘于此，沃尔玛低成本营销战略才屡试不爽。

信息共享是实现供应链管理的基础。供应链的协调运行建立在节点间高质量的信息传递与共享的基础上。因此，有效的供应链离不开信息技术的支持。沃尔玛的计算机系统规模仅次于美国五角大楼，甚至超过美国国家航空航天局，1 小时内可以对全球所有店铺每种商品的库存、上架、销售量全部盘点一遍。

6.4　电子商务

随着经济全球化与经济信息化成为一种强有力的趋势，一个全球互联的商业时代已经到来，电子商务作为新经济的标志，能够跨越时间与地域的限制，使信息的处理与传递更加迅速、准确。电子商务的产生与发展对企业的经营模式、政府的管理模式、人们的生活方式等方面都带来了巨大的影响和变革，并将成为未来企业运营与商务活动的基础。

6.4.1　电子商务概述

1．电子商务的概念

电子商务的概念分别从狭义和广义角度分析：狭义电子商务是指通过电子手段进行产品与服务的交易活动，它仅仅将 Internet 上的交易（主要是指买卖双方及有关各方利用计算机网络和数字化进行的交易）活动归属于电子商务。这类活动常称为电子交易（E-Commerce）。而广义电子商务是指利用计算机网络和数字化手段进行包括市场分析、客户联系、交易、物资调运、公司内部联系等全部商务活动，即实现商务活动的电子化，这类活动常称为电子业务（E-Business）。

电子商务广义和狭义概念的不同，可以从以下三个方面对比。

（1）它们审视电子商务的角度和侧重点不同：狭义电子商务强调活动过程，广义电子商务强调企业生产、经营、服务与应用。

（2）它们对电子商务中的商务外延界定范围不同：狭义电子商务仅仅界定为商务交易，广义电子商务界定为电子方式的所有商务活动，甚至包括除商务活动之外的生产、管理和服务领域。

（3）它们对电子商务中的技术即电子手段的外延范围不同：狭义电子商务主要强调基于Internet，广义电子商务认为的电子方式涵盖所有的信息技术。

2．电子商务与传统商务比较

电子商务与传统商务比较见表6-2。

表6-2 电子商务与传统商务比较

商务类型 商务步骤	传统商务	电子商务
交易前的准备	商品信息的发布、查询、匹配通过报纸、电视户外媒体等广告	交易的供需信息通过交易双方的网站完成，信息沟通更快
贸易的磋商	磋商常用工具是电话传真邮寄等，是口头磋商或纸面贸易单证的传递过程	是电子化的记录、文件和报文的传递过程，由安全协议保证信息的正确、安全
合同的签订与执行	磋商后需以书面形式签订具有法律效应用的合同	磋商中的访录、文件等可保证交易双方的正确性和可靠性
资金的支付	有支票和现金两种支付方式	采用信用卡、电子支票、电子现金和电子钱包等支付形式

6.4.2 电子商务的服务功能

完善的电子商务可以提供网上交易和管理等全过程的服务。概括起来，电子商务的服务功能主要体现在以下几方面。

1．网上广告宣传服务

网上广告目前在Internet上开展得非常广泛，效果也很显著。在Internet上，随便浏览任意一个主页，几乎都可以看到这样或那样的广告信息。尤其是一些公司、企业的主页，广告所占的篇幅就更加突出了。电子商务可以使企业凭借Web服务器和客户的浏览器，在Internet上发布各类商业广告和产品及服务信息。客户可以借助网上的检索工具迅速地找到所需的商品信息，而商家可利用网上主页（HomePage）和电子邮件（E-mail）在全球范围内作广告宣传。与以往传统媒体如广播、报纸、电视上的各类广告相比，网上的广告成本最为低廉，而给顾客的信息量却最为丰富。由于网上广告在基于Internet的电子商务活动中的地位越来越显著，人们纷纷将Internet称为“第四媒体”。

2. 网上咨询和交易洽谈服务

目前的 Internet 已经为用户提供了多种便捷的信息交流方式，如电子邮件、新闻组（News Group）、讨论组（Chat）、白板会议（Whiteboard Conference）和网络会议（Net Meeting）等等。电子商务可以使企业借助非实时的电子邮件、新闻组和实时的讨论组来了解市场和商品信息，洽谈交易事务，假如有进一步的需求，还可以用网上的白板会议来交流即时的图形信息。电子商务中的网上咨询和洽谈，突破了人们面对面洽谈的时空限制，提供了多种方便的异地交谈形式。网上产品订购服务借助网络中的邮件系统，电子商务可以实现实时的网上订购。

3. 网上货币支付服务

电子商务要成为一个完整的过程，实现网上实时的货币支付是一个重要的环节。客户和商家之间可以采用信用卡、电子货币、智能卡等多种方式来实现网上支付。在网上直接采用电子支付手段，不但可以为买卖双方节约交易中很多人员和其他开销，使货款支付更加灵活、方便，而且可以加速资金的周转效率。当然，在电子商务系统中要实行网上支付服务，需要更为可靠的信息传输的安全控制机制，以防止交易信息被篡改、泄漏、冒用等非法行为。

4. 电子账户管理服务

网上货币支付的实行必须要有电子化的金融系统来支持，即银行、信用卡公司及保险公司等金融单位要提供网上支付的服务，而电子账户管理是其基本的组成部分。信用卡号或银行账号都是电子账户的一种标志，而其可信度需要有必要的技术措施来保证，数字凭证、数字签名、数据加密等手段的应用保障了电子账户操作的安全性。

5. 网上商品传递及查询服务

在客户支付了交易货款之后，商家应该将客户所订购的货物尽快地传递到客户手中。对于一些以实物形式提供的商品，商家可以通过其在本地或异地的分销系统将商品送货上门，也可以委托有关货运公司或邮政部门将货物运送或邮寄到客户手中。客户则可以通过信息网络来及时了解自己所购商品的运送情况及到达时间。对于一些信息产品，是最适合在网上进行直接传递的，如软件、电子读物、信息服务、数据库检索等，它能通过网络提供从商家一端到用户一端的直接、实时的全过程服务。

用户意见征询服务电子商务过程中，企业可以十分方便地运用网页上的“选择”、“填空”等格式文件来收集用户对企业及其产品、服务的反馈意见。这样，可以使企业及时了解到用户反馈信息，使企业的市场运营能形成一个良性的循环。客户的反馈意见不仅能提高售后服务的水平，更使企业获得改进产品、发现市场的商业机会，树立企业的良好形象。

6. 交易活动管理服务

整个交易的管理涉及到人、财、物以及企业和企业、企业和客户及企业内部等各方面的协调和管理，因此，交易管理可以说是涉及电子商务活动全过程的管理，包括有关市场法规、税务征管及交易纠纷仲裁等等。电子商务的发展需要一个良好的交易管理和网络环境及多种多样的应用服务系统，以保证电子商务获得更广泛的应用。作为一种不断发展的事物，电子商务所提供的功能也将会不断地完善和发展，还有可能出现许多目前想象不到的新的服务功能。这些新功能的出现，将会进一步推动电子商务的发展和完善。

6.4.3　电子商务的模式

1. BtoC（Business to Consumer）

BtoC 模式是指商家对消费者的电子商务模式，也就是通常所说的电子化的在线商业零售（即网上购物），直接面向消费者销售产品和服务。随着 Internet 的普及，这类电子商务发展迅速。最具有代表性的国内 BtoC 电子商务模式网站有当当网(dangdang.com)，全球最著名的 BtoC 电子商务网站是美国的亚马逊网上商店（Amazon.com）。

另外，近年来一种全新的电子商务模式 BforC（Business for Customer）出现，据业内分析人士认为，该模式有可能引起新一轮的电子商务大战，并有可能改变市场格局。BforC 是真正的“以客户为中心”，采用代购模式，是一种无库存商业模式，其核心是中小企业和个人消费者的任何零星采购都将享受到“团购”价格，使消费者喜欢的团购不再受时间、地点、型号的限制，真正实现“随时随地的团购”。该模式由于没有库存压力，网站的所有服务都不是基于自身库存的传统推销方式，并且能够确保每日更新的价格与市场同步，这就使得该网站在价格上具有强大的市场竞争力，从而将对整个电子商务市场带来冲击。

2. BtoB（Business to Business）

BtoB 模式是商家对商家的电子商务模式，或者说是企业间的电子商务，即企业与企业之间通过互联网进行产品、服务及信息的交换。BtoB 模式是目前应用最广泛的一种，随着竞争的日益加剧，企业需要用电子商务来改善竞争条件，建立竞争优势。企业为寻求自身发展必将努力改善电子商务运行环境，从动态角度看，BtoB 电子商务必将有较大发展。现如今典型的 BtoB 电子商务网站有阿里巴巴(china.alibaba.com)、慧聪网(hc360.com)、金银岛(315.com.cn)等。

BtoB 电子商务模式包括两种基本模式：一种是企业之间直接进行的电子商务（如制造商的在线采购和在线供货等），另一种是通过第三方电子商务交易平台进行的商务活动。

3. CtoC（Consumer to Consumer）

CtoC 模式是消费者对消费者的电子商务模式，是通过为买卖双方提供一个在线交易平台，使卖方可以主动提供商品上网拍卖，而买方可以自行选择商品进行竞价。随着互联网用户的高速增长，外部条件也日趋成熟，CtoC 模式也蓬勃发展。现如今典型的 CtoC 电子商务网站有淘宝网（taobao.com）、易趣网（eachnet.com）等。

4. BtoG（Business to Government）

BtoG 模式是企业对政府的电子商务模式，是企业与政府之间进行的电子商务活动，如图 6-15 所示。

例如，政府将采购的细节在国际互联网上公布，通过网上竞价方式进行招标，企业也可通过电子方式进行投标。因此，政府可以通过这种方式树立政府形象，通过示范作用促进电子商务的发展。此外，政府还可以通过这类电子商务实施对企业的行政事务管理，如政府用电子商务方式发放进出口许可证、开展统计工作，企业可以通过网上办理交税和退税等。我国的金关工程就是通过该模式建立的我国以外贸为龙头的电子商务框架，并促进了我国此类电子商务活动的开展。

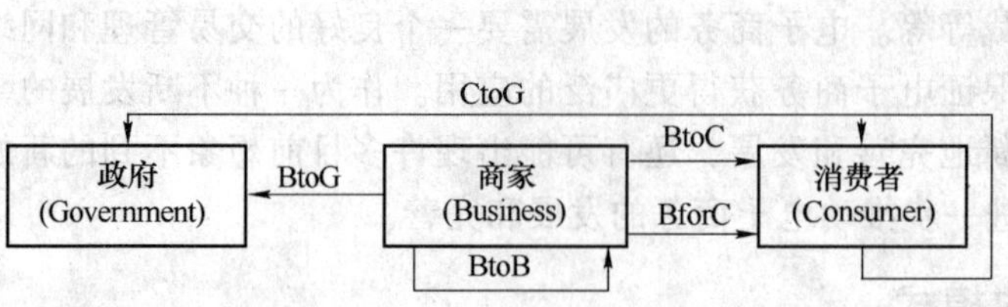

图 6-15 电子商务模式

6.4.4 电子商务的基础框架

1. 网络基本设施

网络基础设施是支持电子商务的硬件基础设施，是通过电子化手段传递商务信息的基本平台。随着技术的发展，各种类型的网络逐渐在以TCP/IP协议为主的统一标准下连接为一体，从而为电子商务提供随时随地、多种形式的信息访问、发布和交换能力。

2. 信息发布与消息传递

信息发布与消息传递是关注电子商务信息的表达形式。这种电子商务环境下多媒体表达方式的应用，改变了传统企业着力进行广告和促销活动的方式，以一种更方便、快捷的方式传递企业信息，宣传企业文化。另外，网络中信息传播工具提供两种交流方式，一是面向人的非格式化的信息交流，如E-mail、FAX等；另一种是面向机器的格式化的信息交流，其处理和传递过程都是标准化、自动化的，如EDI。

3. 贸易服务的基础设施

贸易服务的基础设施是电子商务系统为贸易活动提供的通用的业务服务，主要包括安全、认证、电子支付、商品目录等工具。

（1）安全和认证。提供的信息是可靠、不可篡改、不可抵赖的，可在有争议时提供证据。

（2）电子支付。完成一笔网上交易，要进行电子支付，必须保证网上支付是安全的。

（3）目录服务。将信息妥善组织，使之方便修改，支持市场调研、咨询服务、商品购买指南。

4. 电子商务应用

在上述基础上，可逐步建设实际的电子商务应用。如：供应链管理、视频点播、网上银行、电子市场（EM）、电子广告、网上娱乐、家庭购物等。

5. 政策与法律

在电子商务发展过程中，政府的支持和推进作用是不可缺少的。电子商务作为一种对现代市场经济起巨大冲击作用的革新力量，其宏观形态和发展方向也应该由政府进行一定程度的调控。另一方面，电子商务作为信息时代的重要特征，也应对政府的宏观政策制定起参考作用。由于电子商务的透明性，传统的监控方法开始变得无能为力。同时，政府如何在电子商务中发挥管理、监视、协调、促进和服务的作用，将对电子商务的进一步发展起重要作用。法律维系着商务活动的正常运作，由于网上商务活动的独特性，买卖双方的纠纷需要一个成熟、统一的法律系统进行仲裁。法律制定的成功与否直接关系到电子商务活动能否顺利进行，同时，知识产权的保护也是法律在电子商务中的一个重要任务。

6. 安全性与技术标准化

安全问题是电子商务活动中的一个重要问题。一方面电子商务可采用安全技术保证数据不被窃取、篡改和滥用，如利用数据加密、数字签名、数字证书、安全套接字协议（SSL）、安全电子交易协议（SET）等技术加以保护。另一方面，电子商务借助法律法规打击、限制电子商务活动中的不法分子。在技术标准方面，电子商务定义了用户接口、传输协议、信息发布标准、安全协议等技术细节。就整个网络而言，标准对于保证兼容性和通用性是十分重要的。

【案例分析】

约翰·迪尔天拖有限公司（以下简称迪尔天拖）是美国约翰·迪尔公司和天津拖拉机厂联合创

办的合资企业，成立于2000年8月。美国约翰·迪尔公司是全球知名的农机制造公司，其产品被誉为农机中的奔驰，天津拖拉机厂则是国内生产拖拉机的老牌企业。早在公司成立之前，其美方公司就已经在总部和其他子公司中相继实施了SAP系统，并且取得了很好的回报。所以，迪尔天拖成立伊始就把尽快建立ERP系统作为首要的工作来抓，并认为这是一项彻底改变旧的管理思想和管理模式、适应市场经济的重大举措。然而，作为脱胎于传统国企的合资公司，在信息基础建设上与其美方公司有着一定的差距：公司的信息化程度不高，员工计算机水平较低，电子资料缺乏。所以对于迪尔天拖来说，采用一套具有先进成熟的管理思想、易学易用、实施周期短的ERP系统才是对症下药。同时，迪尔天拖以其长远的发展眼光对于系统增加了一个严格的条件：它既可以满足目前企业经营管理的需要，也要保证今后企业可以不断地升级、发展。迪尔天拖认为在选择软件的同时，还需要选择一个具有良好的售后服务和强大实力的咨询公司，因为他们可以提供长期、优质、及时的服务。经过了多种方案的验证比较，最终决定采用GrapeCity inc（原奥林岛集团）提供的Intuitive ERP系统。当然，让迪尔天拖更为放心的是：在此之前约翰·迪尔在华的另一家合资公司已成功地运行了GrapeCity的解决方案，他们的成功坚定了迪尔天拖对于系统实施的信心。

ERP系统的实施首先需要的是观念上的变革和高层领导的鼎力配合，在这点上迪尔天拖完成得非常出色。2000年国庆之后，公司就成立了ERP项目指导委员会和项目组，指导委员会由总经理及高层领导组成，对实施中的重大问题进行决策。ERP的实施是对传统管理思想和模式的巨大冲击，其影响涉及到企业的各个方面，所以全体员工思想观念的转变是ERP能否成功的关键。特别是高、中级领导能否将习惯性的人治（长官意志）转变为法治（系统管理）是十分重要的。指委会的领导一再告戒大家要避免两种情绪：一种是“系统无用论”，认为没有必要耗费大量的资金建立ERP系统去处理现在人工也能进行的工作，另一种是“系统万能论”，认为只要使用了ERP系统，就什么问题都解决了。前者会严重阻碍项目的实施，而后者则可能使很多人感到失望。这就需要让全体员工真正知道什么是ERP？为什么要实施ERP？它对公司发展的意义和影响是什么？归根结底从上至下必须彻底转变观念。

同时，指导委员会承担的另一项重要的任务就是：定期听取项目组的汇报，对实施情况进行检查、指导，并从资金方面提供保证。项目组人员由公司主要部门选调业务精、素质高的人员组成，特别是对财务、生产、供应、技术部门的人员更是认真挑选，确保成立一个精干务实的项目组。全体人员全部脱产集中办公。所有人员既有明确的分工，又强调发扬协作精神。由于在实施过程中各项工作千头万绪，反反复复，大量的工作经常会彻底推倒从头做起，所以要随时做好项目组人员的思想工作，避“厌烦”情绪。项目组要培养大家的团队意识，从一开始就建立起相应的激励机制。

众人拾柴火焰高。ERP的实施同每个业务部门都是息息相关的，制定生产计划以及收集大量数据的工作当然烦琐，但是真完成的效果将直接影响到系统的顺利上线。在ERP实施过程中，制定一个切实可行的计划是十分必要的。制定的计划要把所有工作内容全部包括在内，并把它们细化、分解，按照各项工作的先后顺序和相互关系，合理地排出计划进度。每一项工作必须确定明确的责任人。项目组的工作必须以计划为纲，经常甚至是每天进行计划的检查、落实、协调、调度，对出现的重大问题及时召集专题会议解决。对无法按期完成的工作和新出现的问题及时进行修订，以保证计划对实施的指导作用。迪尔天拖在计划制定过程中，始终认真听取GrapeCity专家的意见，达到统一思想、互相配合。保证ERP系统顺利运行的一项基础工作是数据的收集、整理、输机工作，这是一项工作量最大、最繁杂、费时最多的工作。收集和整理的信息数据包括：建立物料编号、创建物清单、确定客户文件、确定供应商文件、确定安全库存、确定工作中心及能力、安排工艺路线、建立总账科目、确定用户组及安全权限、确定提前期、确定主控参数、制定本层成本等大量、细致的工作。在数据收集过程中还需要对原有数据进行修改或重新确定。例如：工时定额、工艺路线、本层成本等均有很大的变动。基础数据的收集必须严格按照收集、整理、审核、批准的程序来进行，无论反反复复多少次，所有的数据都要有经办人签字、领导批准，做到万无一失，否则在运行时将遇到很大的困难。在实际输入时，由于 ERP 系统提供了“输入向导”工具，大量的工作可以在 Excel 中进行，降低了录入的难度，节省了时间。

同时，培训工作也是项目实施的基础，它必须贯穿实施过程的始终，并且无论怎样强调都不过分。培训不仅应该包括领导层与项目组人员，而且还要对所有人员进行全员培训。培训方式以 GrapeCity 专家授课及项目组人员对口讲课的方式进行，两者相辅相成。结合理论培训，进行相关人员的实际操作训练。初期的培训以提高认识、转变观念为主，之后，逐步转为以熟悉、掌握软件为主。培训做得好，可以真正起到事半功倍的效果。

实施结果计划就好比是造楼的蓝图，数据则是一块块的砖瓦，在 GrapeCity 顾问和指导委员会的共同努力之下，企业的信息化建设进行得有声有色。对这项信息工程最严格的考核就是：在实际施工中图纸是否周全考虑到了每个细节，建设的成果是否可以满足各个部门的使用需要。对于迪尔天拖来说，他们所要检验的是：能否将系统成功切换上去，系统能否按照预先的期望顺利地跑起来。

在系统切换前，除对数据认真核对外，还要组织好对库存物品及在制品的盘点、账目的调整工作，确保期初数据的准确性。同时，切换前还要组织好不同规模、不同层次的模拟演练工作。模拟演练大致分为三个阶段：一开始可以使用软件提供的演练数据练习，即原型测试；随着自己数据库的建立，逐渐转为使用公司生产的拖拉机的某一种部件进行演练，即会议室模拟；切换前安排进行公司全系统的模拟演练，即实战模拟。每次演练前要编制计划，确定目的、参加人员、进度。演练后，针对出现的问题认真总结，以便安排下一次的演练。实地演练之中还可以暴露各个接口的问题以做到及时修补。最后的演练必须包括从订单到生产到采购到结账的全过程，必须是一次综合性全面的演练。与此同时，切换前另一项必不可少的任务就是需要完成各项规章制度的建立工作，以保证网络和系统的正常运行。这些制度应该包括：网络安全管理制度、ERP 数据库安全管理制度、计算机系统管理制度、主机房安全管理制度、软件修改审批制度等。另外，还应该制定故障处理应急程序、系统维护标准操作程序等规范的操作程序，以提高故障处理的效率和准确性。对网络或系统的任何操作都必须填写“操作记录”，并存档备查。借助了 Access 的适应性和高速发展的环境，奥林岛集团经济地解决了这一问题以及其他难题。曾经负责客户服务和实施的经理 Daniel Crawford 不无感叹地说：“像 Intuitive ERP 这样基于微软技术的可客户化和易支持性有很强的竞争优势，易于使用和易于实施，使得我们能提供具有极高性能价格比的先进的解决方案。”用户和顾问的良好合作是迪尔天拖最大的心得。在 ERP 的实施过程中，迪尔天拖深切体会到：项目的成功必须依赖于软件用户与供应商之间的良好合作。迪尔天拖在实施的各个阶段都保持与 GrapeCity 专家的密切联系，及时向他们报告进展情况和存在的问题，共同制定实施计划；在项目的各关键阶段均有 GrapeCity 专家在场指导工作。在双方建立热线帮助的同时，还建立了定期问题反馈制度：迪尔天拖将存在的问题及要求和解决的时间通知 GrapeCity 专家，专家就将解决的方案和预计完成的时间通知迪尔天拖，双方互相沟通、配合一致，建立起一条快速、有效地解决问题的渠道。整个实施过程从 2001 年 3 月项目启动，到同年 7 月 16 日系统切换上线（物流、资金流、车间作业管理），历时 4 个月，双方对相互的配合及取得的成果均感到满意，对此迪尔天拖外方总经理感到十分惊讶，没想到系统会在如此短的时间里能实施成功。

自 7 月份系统切换至今，迪尔天拖的所有经营管理活动已经全部纳入了 ERP 系统中。虽然在完善软件功能、提高人员素质、理顺工作流程等方面还有很多工作要做，但是 Intuitive ERP 系统在提高管理水平、降低成本、缩短生产周期等方面已经取得显著效果，为迪尔天拖公司的发展创造了良好的条件。

（资料来源：http://down.manaren.com）

案例思考题

1. 约翰·迪尔天拖有限公司在实施 ERP 之前存在哪些问题？
2. ERP 的实施给企业带来了哪些方面的好处？为什么？

【本章小结】

现代企业管理信息系统，主要经历了 MRP、MRPⅡ、ERP 三个阶段。ERP 在我国企业中的实施经过十几年的发展取得了一些成效，但总体状况不佳。因此，企业实施管理信息系统必须要提高思想认识，转变观念，从企业发展战略高度来研究和审视管理信息系统的原理和作用，推进企业信息化建设。同样，成功应用客户关系管理，实现供应链和电子商务管理将给企业带来可衡量的显著效益。因此，未来管理信息系统的发展趋势是网络化、集成化、智能化，集合企业资源计划、客户关系管理、供应链管理和电子商务实现向平台式管理信息系统发展的基本目标。

【关键术语】

信息系统在企业中的典型应用　企业资源计划　客户关系管理　供应链管理　电子商务

复习思考题

1. 简述企业资源计划的发展阶段及每阶段的优缺点。
2. 举例说明重新订货点的计算方法。
3. 简述 MRP、闭环 MRP、MRPⅡ和 ERP 之间的关系。
4. 简述客户关系管理的产生和目标。
5. 什么是供应链管理?供应链管理的基本框架有哪些？
6. 简述电子商务的概念和模式。

第7章 管理信息系统的发展

【学习目标】

- 掌握企业流程再造的步骤和目标
- 了解人工智能的研究内容
- 熟悉专家系统的结构

管理信息系统的开发进程从事务处理系统到决策支持系统。管理信息系统科学也经历了一段不断探索、逐渐完善的过程。在这一过程中出现了企业流程再造、专家系统、人工智能等概念。

7.1 企业流程再造

企业流程指为完成企业特定的任务而进行的一系列的业务活动。由于企业间竞争的加剧和外部环境的不断变化，可能会导致现行系统出现一些不尽如人意的问题，因此有必要对系统进行重组织，这也形成了企业流程再造的概念。

1. 企业流程再造（BPR）的概念

1993年，美国学者Hammer和Champy提出了企业流程再造的概念，它是指对企业进行根本的再思考和彻底的再设计，以求企业关键的性能指标(如成本、质量、服务和速度等)能够获得巨大的提高。

企业流程重组的本质是结合新的信息技术，按照现代化的信息处理方式，对现有的流程进行重新设计，以提高企业的运行效率。企业流程重组的结果可能给企业的组织结构、管理模式等带来巨大的变化。

2. 企业流程再造的步骤

在信息系统的规划和分析阶段需要从企业的战略目标出发，创造性地对现有业务流程进行分析，找出现有流程存在的问题及产生问题的原因，分析每一项活动的必要性，对不必要的流程进行删除或与其他流程进行合并，当然也可以根据需要增加新的业务流程。需要说明的是，业务流程的删除或合并背后会带来人员的调整，在整个流程再造的过程中还应注意做好人员的安置和引导。

3. 企业流程再造的目标

企业流程再造的主要技术在于简化和优化过程。

利用信息技术简化流程的原则：纵向集成，避免多头管理；横向集成，即跨部门按业务流程压缩；减少检查、校对和控制，即变事后检查为事前管理；建立统一的共享数据库；明确处理路径；并行流程提高处理效率。

通过企业流程再造，可以实现以下目标：企业的组织更趋扁平化；企业更多采用团队工作方式；团队间的相互了解和主动协调将大大提高；整个组织更主动、更积极地面向顾客。

4．企业流程再造的使用对象

由于进行企业流程再造是一项涉及面广、难度大的工作，因此，企业是否实施企业流程再造，需要慎重决策，需要比较再造所需要的成本。

如果企业濒临破产，企业竞争力下滑，不及时调整战略并进行重构企业将无法生存下来，这时企业可以采用 BRP 的策略。

如果面临的问题不影响企业的生存和发展，可以采用业务流程改进，避免大刀阔斧的改革。

7.2 人工智能与专家系统

人工智能是由计算机科学、信息论、控制论、神经心理学、语言学等多学科相互渗透而发展起来的新兴学科，它主要研究如何让计算机模拟人脑进行推理、思考等思维活动。

7.2.1 人工智能

1．人工智能的定义

人工智能(Artificial Intelligence)，英文缩写为 AI。它是研究、开发用于模拟、延伸和扩展人的智能的理论、方法、技术及应用系统的一门新的技术科学。人工智能是计算机科学的一个分支，它试图了解智能的实质，并生产出一种新的能以与人类智能相似的方式作出反应的智能机器，该领域的研究包括机器人、语言识别、图像识别、自然语言处理等。

2．人工智能的层次

人工智能学科体系分为如下三个层次。

（1）人工智能理论基础：包括数学理论、心理学、思维学、计算机科学技术等。

（2）人工智能原理：注重知识的表达、知识的处理及学习。

（3）人工智能工程系统：在人工智能原理基础上建立的系统，如专家系统、图像识别系统、机器人系统等。

3．人工智能的研究内容

目前能够用来研究人工智能的主要物质基础以及能够实现人工智能技术平台的机器就是计算机，人工智能的发展历史是和计算机科学技术的发展史联系在一起的。除了计算机科学以外，人工智能还涉及信息论、控制论、自动化、仿生学、生物学、心理学、数理逻辑、语言学、医学和哲学等多门学科。人工智能学科研究的主要内容包括：知识表示、自动推理和搜索方法、机器学习和知识获取、知识处理系统、自然语言理解、计算机视觉、智能机器人、自动程序设计等方面。

7.2.2 专家系统

专家系统在决策支持系统的基础之上又吸收了很多人工智能领域的研究成果。因此，专家系统有时也被称为智能支持系统。实际上，专家系统有一个知识库，它存储了大量数据和决策规则。

1．专家系统的定义

专家系统是人工智能的一种形式，是一种解决需要经验、专门知识和非结构问题的计算机应用系统，它将某个领域内的专家的知识进行收集、整理和提炼，建成一个专家知识库。在运用专家系统解决问题时，它可以将决策人员制定的推测性论据与知识库结合起来，以对某些半结构化问题进行分析解答。应用专家系统，无任何经验的人也可以获得一定程度的解决问题的方法。专家系统不同于程序，二者的区别见表 7–1。

表 7-1　程序与专家系统的区别

	处理内容	处理方法
程序	数据	迭代
专家系统	知识	推理

因此，传统程序注重数据的表达和算法，而专家系统则强调知识的表达和推理方法。

2．专家系统的结构

专家系统由两个主要部分组成，即开发环境和咨询环境。一个复杂的专家系统，包括知识获得子系统、知识库、推理机、工作场所、推理能力改进、用户接口、解释子系统和知识求精系统 8 个部件。下面将分别介绍这些子部件。

（1）知识获得子系统。知识获得子系统是指从知识源积累专门知识，并将其变成计算机程序或扩展计算机知识库。其中，知识源包括专家、书籍、数据库、专门研究报告和用户自己的经验。

（2）知识库。知识库包括表达问题、解决问题所需的所有信息。它包含问题定义及解决问题的知识。

（3）推理机。推理机是专家系统的中枢，它利用知识库所具有的知识，根据一定的规则进行推理，最后得出结论。

专家系统中常用的推理方式有三种：正向推理、逆向推理和双向推理。正向推理即从条件出发推出结论。逆向推理即先假设结论正确，再去验证条件是否满足，若各个条件都满足，则证实结论正确，否则就由另一个假设去推断结论。在双向推理中，常用正向推理来确定各种假设证实的先后次序，在确定后再使用逆向推理验证假设是否成立。

（4）工作场所。工作场所主要用于记录当前问题、输入数据、中间结果、中间假设和策略。

（5）用户接口。专家系统需要有一个友好的、面向用户的界面，该界面可由自然语言和图形画面来实现。

（6）解释子系统。解释子系统能跟踪用户响应，并以交互回答问题的方式解释专家行为。

（7）知识求精程序。人类可以通过学习不断进步和提高。专家系统的学习和更新能力也是非常必要的，这将产生更好的知识库和更有效的推理过程。

3．专家系统存在的问题

（1）专家系统的应用还局限在特定问题上。

（2）专家系统不能应用于复杂的管理问题。

（3）专家系统的维护费用很大。专家系统的知识库还很脆弱，它们无法随时通过学习而自动改变。

7.3 管理信息系统的发展趋势

全球信息化正在引发当今世界的深刻变革，重塑世界政治、经济、社会、文化和军事发展的新格局。加快信息化发展，已经成为世界各国的共同选择。信息化的发展离不开管理信息系统的建设，因此引发了管理信息系统的全球化发展。

管理信息系统涉及经济学、管理学、运筹学、统计学、计算机科学等多门学科，是各学科紧密相连综合交叉的一门新学科。我国管理信息系统领域的研究与教学也面临着加速发展以及与国际接轨的紧迫需求和挑战。管理信息系统的广泛应用促进了管理信息系统的专业化发展。

随着科学技术的发展和国内外环境的不断变化，控制系统、管理系统和决策系统也日益复杂化。单纯的管理信息系统、决策支持系统越来越不适应于复杂系统的控制与管理。同时，管理层对管理信息系统的要求越来越高，因此。智能化的管理系统必定是未来发展的趋势。

智能化的管理系统是集运筹学、管理工程、知识管理、专家系统、智能算法、语音系统等概念、方法和技术为一体的系统。智能化的管理系统在性能上能够具有综合管理的功能、人机统一、计算机辅助和系统规划等多功能。

【案例分析】

以前，海尔集团下属的各个生产厂都是各采购各的原材料、零部件。当时向海尔供货的企业大大小小就有 2 236 家。客观地说，这种多头采购、多家小分供方同供一种原材料的现状，已难以与飞速发展的海尔相适应。因为每个分供方的供货能力、技术实力和质量保证体系都参差不齐，肯定会影响海尔市场反应的速度、产品质量的稳定和成本的有效控制。

基于此，1999 年初海尔的革命开始了。33 岁的海尔集团副总裁梁海山担起了组建物流推进本部的重任。

物流整合是海尔流程再造的重要一环。其做法就是借助网络的优势，按照优胜劣汰的原则，在全球范围内对原有的分供方进行资格排队，保留、吸收有国际供货经验的“正规军”，淘汰没上档次、小打小闹的“游击队”。

三年来，海尔的分供方从以前的 2 236 家优化到现在的 840 家。国际化大公司的分供方的比例就占 71.3%，其中世界 500 强企业就有 50 家。

梁海山认为，物流整合后暴露出来的问题证明了海尔进行流程再造是对的。他说：“如果我们不通过流程再造优化掉那些不合格的分供方，不但企业要蒙受损失，更重要的是不规范的操作和与之而来的利诱贿赂，还会败坏海尔业务人员的作风，让一批人倒下去，削弱企业的凝聚力，进而削弱企业的市场竞争力。这是很危险的隐患。”

物流整合不仅保证海尔能采购到高质量的零部件，还给海尔带来了巨大的经济效益。仅 1999 年当年降低的采购成本就达 5 亿元，到 2001 年降低 10 亿元。

更有意思的是，海尔现在只要一建新厂，它的分供方就会跟过去，在它的边上也建厂。分供方已将自己的发展与海尔这个大客户的发展捆在了一起。他们不仅向海尔提供质优价廉的零部件，更重要的是还积极参与到海尔产品的前端设计。例如，全球最大的电机供应商爱默生公司，一开始是给海尔供应电机，现在干脆到海尔开发区投资 6 000 万美元建厂生产电机。张瑞敏说：“为什么我们会结合得这么紧密呢？因为我们不是单纯地压它的价格，而是把我们的产品给爱默生，让它给我们匹配最适合这个产品的电机，匹配出在市场上最有竞争力的产品。这样我们的产品能卖到比别人高的价格，它的电机也能获得一定的利润。这样双方都会有积极性，才会更多地开发市场，这就是我们全球化的采购。”

有采购，就会有仓库。仓库既是企业存储物资的地方，也是容易形成企业“陷阱”的地方。很多企业凭着预测和经验来组织生产，根本就没有按订单来组织采购和生产的意识，导致采购原材料中存在着一定的盲目性，而生产出的产品又不可能迅速被市场消化，以致资金挤占严重，原材料、零部件长期堆在仓库慢慢贬值，直至成为无法变现的废物，进而将企业拖向死亡。

海尔的流程再造的目的是再造一个以订单信息流为中心的市场链流程，其最显著特征就是完全彻底的市场经济。通俗地说，就是企业的一切围绕着客户需求来运转。

海尔的物流配送中心的面积近一个足球场大、5 层楼高，里面只有 10 个工作人员，9 辆叉车和一辆辆无人驾驶的激光导引车、穿梭车在忙碌运转。“其实这个看似仓库的地方已不是仓库。”负责人王其林说：“这个承担整个开发区生产基地 10 大类产品的原材料与成品配送任务的物流中心，面积是 7 200 平方米，但由于它是立体的，相当于 31 万平方米的普通仓库。更重要的是，因为企业按订单生产，这里完全采用网络信息化管理，所以原材料只在这里放不到 7 天，而成品 24 小时之内就发往全国的 42 个配送中心。”

物流再造后，海尔集团共减少了仓库面积 32 万平方米，相当于 43 个足球场大，仅每年节约的仓库租赁费就是 5 200 万。“以时间消灭空间”，这是速度的魔力，是张瑞敏对海尔物流的定性。

来源：《智囊》

案例思考题

海尔集团有哪些成功的经验值得我们学习？

【本章小结】

企业流程再造的概念是指对企业进行根本的再思考和彻底的再设计，以求企业关键的性能指标(如成本、质量、服务和速度等)能够获得巨大的提高。专家系统由两个主要部分组成，即开发环境和咨询环境。一个复杂的专家系统，包括知识获得子系统、知识库、推理机、工作场所、推理能力改进、用户接口、解释子系统和知识求精系统 8 个部件。管理信息系统的发展趋势向全球化、专业化、智能化发展。

【关键术语】

企业流程再造　　人工智能　　专家系统

复习思考题

1. 什么是企业流程再造？它的步骤和目标是什么？
2. 什么是专家系统？简述专家系统的结构。
3. 简述管理信息系统的发展趋势。

参 考 文 献

[1] 滕佳东.管理信息系统[M]. 大连：东北财经大学出版社，1999.
[2] 黄梯云.管理信息系统[M]. 北京：高等教育出版社，1999.
[3] 陈佳.信息系统开发方法教程[M]. 北京：清华大学出版社，2005.
[4] 刘腾红，孙细明.信息系统分析与设计[M]. 北京：科学出版社，2006.
[5] 孙滨丽.管理信息系统基础[M]. 北京：清华大学出版社，2008.
[6] Jiawei Han, Micheline Kamer.数据挖掘概念与技术[M]. 北京：机械工业出版社，2011.
[7] 陈京民.管理信息系统[M]. 北京：清华大学出版社，北京交通大学出版社，2006.
[8] 陈国青，李一军.管理信息系统[M]. 北京：高等教育出版社，2006.
[9] 姜方桃.管理信息系统理论与实务[M]. 北京：清华大学出版社，2009.
[10] 薛华成.管理信息系统[M]. 北京：清华大学出版社，2005.
[11] 苗雪兰，刘瑞新，宋歌.数据库系统原理及应用教程[M]. 北京：机械工业出版社，2011.
[12] 李红.管理信息系统设计与实施[M]. 沈阳：东北大学出版社，2001.
[13] 姜旭评.信息系统开发方法[M]. 北京：清华大学出版社，1997.
[14] 蔡淑琴.管理信息系统[M]. 北京：科学出版社，2006.
[15] 刘林.管理信息系统[M]. 北京：科学出版社，2006.
[16] 孙滨丽.管理信息系统基础[M]. 北京：清华大学出版社，2008.
[17] 张思光.电子商务概论[M]. 北京：清华大学出版社，2011.
[18] 姚国章.电子商务与企业管理[M]. 北京：社会科学文献出版社，2001.
[19] 杨善林.信息管理学[M]. 北京：高等教育出版社，2003.
[20] 周玉清，刘伯莹，周强.ERP 原理与应用教程[M]. 北京：清华大学出版社，2010.
[21] 李劲东.管理信息系统原理[M]. 西安：西安电子科技大学出版社，2003.
[22] 赵松涛.网络技术基础教程[M]. 北京：人民邮电出版社，2004.